부모 되기, 사람 되기

부모 되기, 사람 되기

초판 1쇄 발행 2020년 7월 25일 **초판 2쇄 발행** 2020년 12월 5일
글쓴이 고병헌 외 **펴낸이** 현병호 **편집** 이수진, 장희숙 **펴낸곳** 도서출판 민들레
출판등록 1998년 8월 28일 제10-1632호 **주소** 서울시 성북구 동소문로 47-15
전화 02) 322-1603 **이메일** mindlebook@gmail.com **홈페이지** www.mindle.org
ISBN 978-89-88613-90-0(03370)

이 도서의 국립중앙도서관 출판예정도서목록(CIP)은 서지정보유통지원 시스템
홈페이지(http://seoji.nl.go.kr), 국가자료공동목록시스템(www.nl.go.kr/kolisnet)에서
이용하실 수 있습니다.(CIP제어번호: CIP 2020028372)

민들레 선집 **5**

부모 되기를 자임하는 일의 의미에 대해 ———

편집실 엮음

부모 되기, 사람 되기

먼저 흔들리며 부모의 길을 걸어온 이들의 이야기를 통해
'부모가 된다는 것' 혹은 '좋은 어른이 된다는 것'의 의미를 되새겨본다.

민들레

슬기로운 부모생활

아이가 생기는 순간 남자와 여자는 저절로 '부모'라는 이름을 얻게 됩니다. 하지만 그렇다고 저절로 부모 역할을 잘하게 되는 건 아닌 듯합니다. '아이를 잘 키우고 싶다'는 한결같은 그 마음이 표현되는 방식은 사람마다 다르지요. '엄마의 정보력이 아이의 미래를 좌우한다'며 불안을 부추기는 세상에서 사회의 욕망과 부모의 욕망이 투영되어, 이 선택이 자식을 위한 건지 나를 위한 건지 구분하기 힘든 지경에 이르기도 합니다.

남이면서 남이 아닌, 뜻대로 되지 않는 존재와 적정한 거리를 유지하는 것은 꽤나 힘든 일입니다. 여섯 손주의 할머니가 된 여성학자 박혜란 씨는 자식에 대한 욕망을 접는 방법으로 아이를

"언젠간 떠날 손님처럼" 대하길 권합니다. 손님이 밥을 안 먹는 다고 애가 타서 억지로 입에 밀어넣는 일은 없을 테니까요. "아이 가 내 뜻대로 안 되면 (오히려) 안심하라"고도 말합니다. 정말 걱 정해야 할 건 '아이에게 (자기) 뜻이 없는 거'라고 말이지요.

지금은 독자층이 다양해졌지만 격월간 『민들레』는 창간 초기 부터 '공부하는 부모들을 위한 교육지'를 표방해왔습니다. 아이 들의 교육을 위해 또 교육의 변화를 위해 무엇보다 부모의 성장 이 중요하다고 생각했기 때문입니다.

부모를 위한 책이나 잡지는 흔히 구체적인 정보와 매뉴얼을 제공하는 경우가 많습니다. '이렇게 해라' 혹은 '이렇게 하지 말 라'고 단호하고도 친절하게 방법을 일러주지요. 하지만 민들레는 그처럼 단호하고 친절하게 정답을 제시하는 태도를 지양해왔습 니다. 인간이 그렇게 단순한 존재가 아닐 뿐더러 아이의 성장에 정해진 코스가 있는 것이 아니라고 믿기 때문이지요. 대신 먼저 흔들리며 부모의 길을 걸어간 이들의 발자취를 좇아왔습니다. 그 길의 방향은 '아이를' 어떻게 할 것인가가 아니라 결국 '내가' 어 떻게 살 것이냐 하는 쪽으로 향하는 듯합니다.

'모든 아이들은 부모 사람 만들기 위해 세상에 온다'는 말처럼, 부모가 된다는 것은 아이를 통해 자신을 성장시키기를 결심하는 일인지도 모르겠습니다. 자격증이라도 있어야 할 것 같은 이 어려운 '부모 노릇'을 다들 어떻게 슬기롭게 헤쳐가고 있는지 다양한 이야기를 한데 엮어보았습니다. 좋은 부모, 좋은 사람이 되기 위해 애쓰는 분들에게 위로와 공감을 줄 수 있길, 먼저 흔들린 자의 깨달음과 지혜가 전해질 수 있길 바랍니다.

2020년 7월

장희숙(『민들레』 편집장)

차 례

2
부모가
된다는
것은

1부
부모로 산다는 것은

아이 낳기, 어른 되기

짐승 같은 남자, 술초뱅이 여자의 부모 되기

이십대 시절, 이렇게 혼란스러운 세상에 아이를 낳는다는 것은 참 무책임한 일이라 생각했다. 결혼을 하면서 고민은 더욱 깊어졌다. 내게는 젊은 시절 열정이 고스란히 담긴 삶터이자 일터가 있었고, 그 시점에 아이를 낳는다는 것은 그것을 포기하거나 잠시 중단하는 일이었다. 그것은 잘 달리던 차가 고속도로에서 끽! 하고 멈춰서는 일과 같았다.

이임주 _ 산청간디중학교 교사. 집에선 아홉 살 아이와 깔깔대며 지내고 학교에선 사춘기 아이들과 허허허 웃으며 지내고 있다. 가끔 심각해지려고 노력한다.

더구나 주변을 둘러봐도 어린아이를 키우며 행복해 보이는 사람들은 거의 없었다. 엄마들은 지치고 힘들어 보였고, 육아는 대개 일방적으로 여자들의 몫이었다. 간혹 엄마 대신 직접 나서서 육아 휴직을 하는 이상적인 아빠들도 있었지만, 그들은 더욱 힘들어 보였다. 아이를 낳고 기른다는 것. 그것은 이 시대에 자연스러운 일이 아니었다.

남편 또한 대부분의 남자들이 그러하듯 '육아'에 '육'자도 몰랐다. 관심조차 없었다. 어린아이가 가까이 오는 것도 좋아하지 않았고 간혹 옆에 온다 해도 형식적으로 "안녕~" 하고 인사 정도 할 뿐이었다. 나 또한 어린아이들에겐 크게 관심이 없었다. 가끔씩 '난 어떤 엄마가 될까?' 막연하게 생각해본 적은 있지만 현실적인 엄마의 역할에 대해선 연습을 한 적도, 깊이 생각해본 적도 없다.

잘나가던 이십대 시절의 나는 자타가 공인하는 음주가무의 독보적 존재였다. 사람들이 '임주'라는 내 이름을 두고 '음주'라고 부를 정도로 자랑스런 술초뱅이의 역사적 사명을 다하며 살아왔다. 그런 화려한 시절을 보내고 난 후, 겉으론 멀쩡한데 속은 노인이란 소리를 들을 만큼 몸 상태가 좋지 않았다. 아이를 가질 몸이 아니었다. 이런 상태로 아이를 가졌다간 술에 취한 아이가 나올지도 모를 일이었다.

이런 무모한 사람들이 부모가 되겠다고 나섰다. 자신이 없었지만 결혼 후 아이를 낳겠다는 결심을 하고부터는 임신, 태교, 육아에 관심을 가지기 시작했고 이런 정보를 남편과 나누고 싶었다. 막연히 오래전 텔레비전에서 보았던 수중분만이 떠올라 남편에게 어떠냐고 물어보았으나 "그렇게 할 필요가 있어?" "지금 이 시대에 자연스러운 것은 그냥 병원에서 편하게 낳는 거야"라는 무심한 대답뿐이었다. 이 책 저 책 읽으라고 권했지만 한 장도 들춰보지 않았다. 다툼의 연속이었다. 이렇게 육아에 관심 없는 남자와 어떻게 아이를 낳고 살 수 있을까, 답답했다.

안 되겠다 싶어 나부터 책을 읽기 시작했다. 아직 아이가 생기기 전이었지만 태교를 준비하며 처음 읽었던 책이 서정록의 『잃어버린 지혜, 듣기』였다. 인디언의 태교라는 주제로 이야기가 시작되는데 첫 부분부터 가슴이 뛰었다. 한 문장 한 문장이 감동이었다.

인디언 어머니들은 길을 가다 아름다운 꽃을 보면 그 꽃의 색깔이며 모양과 향기 등을 태아에게 일일이 설명해준다. 아름다운 풍광이나 저녁 노을을 만나도 아이에게 그 황홀한 모습을 자세히 들려준다. 또 동물을 만나면 그 동물에 대해서 이런저런 이야기를 들려주고, 시냇물을 만나면 냇물이 어떻게 노래하며 춤을 추는지 들려준다. _ 서정록, 『잃어버린 지혜, 듣기』

책을 읽다 남편에게 바로 달려가 느낀 것보다 더 격하게 감동하며 이야기를 들려주었고, 남편이 옆에 없으면 문자나 전화로 하나하나 나누었다. 짐승 같던 한 남자가 조금씩 아빠로 변해가기 시작했던 것은 이 단락을 접하고부터가 아닐까 생각된다.

아버지가 태아에게 기여하는 가장 큰 방법은 따뜻하고 사랑스러운 분위기를 만드는 것이다. 태아는 어머니와 밀접하게 연결되어 있기 때문에 아버지가 어머니에게 하는 모든 행위는 곧 태아에게 하는 것과 같다고 한다. 임신 중에 어머니가 겪는 경험은 아버지가 어머니에게 대하는 태도에 좌우되기 때문이다. 아버지와의 사이에 존재하는 긍정적인 에너지는 어머니의 따뜻하고 사랑스러운 목소리를 통해서 태아에게 고스란히 전달될 것이다. _위의 책

사실 그다지 숭고한 뜻은 없었고 그저 저렇게 해보면 재미있을 것 같다는 호기심에서 태교에 관심을 갖기 시작했는데, 그 재미에 빠져들어 점점 우리 부부가 읽고 나누는 육아서적들이 많아졌다.

내가 먹는 음식과 마음, 내가 하는 말과 행동이 나를 만드는 만큼, 내 몸속에 있는 생명을 위해 태교에 더욱 신경 쓰고 싶었다. 아이가 눈에 보이지 않는 상태에서 열 달 내내 좋은 음식을 가려먹고, 좋은 생각을 하고, 험한 말을 하지 않으며 평화로운 일상들

을 지켜나가기란 여간 어려운 일이 아니었다. 임신을 했다고 늘 즐거운 일만 있으리란 법도 없다.

그렇다고 태교에 신경을 쓰지 않기엔 태교를 잘 못했다고 후회하는 부모들을 너무 많이 만나왔다. 사춘기 자식을 대하기 힘들어 상담을 요청하는 부모들은 후회도 하고 울기도 하면서 자연스럽게 아이의 어린 시절, 더 멀리는 아이가 배속에 있을 때, 더 멀리는 부모들이 아이를 낳기 전 살아왔던 삶까지 거슬러 올라간다. 부모들도 아이의 문제가 자신에게서 비롯되었다는 것을 아는 것이다.

그렇게 보면 태교가 첫 단추가 아니었다. 태교 이전에 부모의 마음가짐, 아니, 어쩌면 그 이전에 부모가 살아온 삶이 더 중요한지도 모를 일이었다.

우리 부부는 우리에게 찾아올 귀한 아이를 맞이하기 위한 첫 단계로 백일 간 '몸 만들기'에 들어갔다. 먹는 것이 나의 몸을 만든다고, 바른 먹거리부터 실천했다. 술, 커피, 인스턴트식품, 육식을 모두 끊고 바른 먹거리로 나의 몸을 건강한 세포로 다시 채워가기 시작했다. 물론 임신과 출산은 여자만의 몫이 아니기에 남편도 이 모든 프로젝트에 함께했다. 태교, 육아에 무지하고 수중분만 이야기에 콧방귀도 뀌지 않던 남편은 어느새 함께 가정분만에 대한 영상도 보고, 산파도 직접 만나보는 적극적인 아빠가 되어 있었다.

내 생애 가장 행복했던 열 달

관심이 없었던 임신 육아 책들을 읽으면서 내내 나의 과거가 떠올랐다. 임신 육아 서적은 예비엄마들만 읽는 책인 줄 알고 평소 관심도 갖지 않았는데, 모든 사람들이 다 읽으면 좋겠다는 생각이 들 만큼 훌륭한 책들이 많았다. 엄마가 되기 위해 어떤 준비를 해야 하는지 좋은 정보가 담겨 있기도 했지만, 무엇보다 나를 인정할 수 있는 계기가 되었다. 책을 보다 엄마에게 전화해서 나의 과거를 묻기도 하고, 임신 기간 동안 무얼 했나 묻기도 하면서, 엄마와 자주 어린 시절 이야기를 나누었다. 나는 엄마가 되었지만, 누군가의 딸이기도 했다. 살아가며 인정하고 싶지 않은 것들을 이해하게 되었고, 나를 돌아볼 수 있는 귀한 시간이 되었다. 자연스럽게 이어진 치유의 시간이었다.

그리고 드디어 소중한 아이가 나에게 왔다. 그 기분을 어떻게 설명할 수 있을까? 또 다른 생명체가 내 안에서 꿈틀대고 있는 느낌, 그것은 뭐라 형언할 수 없는 벅찬 감동이었다.

나는 책에서 보았던 대로 임신한 열 달 동안 비가 오나 눈이 오나 바람이 부나 아무에게도 방해 받지 않는 고요한 숲길을 걸으며 눈에 보이는 모든 것, 느껴지는 모든 것을 이야기해주었다. 처음엔 보이지도 않는 아이에게 중얼중얼 이야기한다는 것이 여간 어색한 일이 아니었지만, 반복하다 보니 어느새 누가 있건 없건

배 속의 아이에게 이야기하는 일이 자연스러워졌다. 비가 오면 비 이야기, 눈이 오면 눈 이야기, 봄, 여름, 가을, 겨울, 아이와 함께 거닐었던 그 길이 행복했다. 남편과 손잡고 산책하면서 노래도 부르고, 도란도란 이야기도 나누고, 즐거우면 아무도 없는 길에서 춤도 추었다. 개구리 울음소리가 들리면 개구리 이야기, 달 밝으면 달 이야기 등 눈에 보이는 모든 것을 들려주었다.

그리고 목수였던 남편은 밤마다 잠들기 전에 하루 동안 있었던 일을 오랫동안 나지막하고 깊은 목소리로 이야기해주었다. 고된 작업으로 몸은 피곤하지만 남편에게도 하루 동안 있었던 일을 아이와 나누는 시간이 스스로에게 치유의 시간이었으리라. 아이는 듣기만 하는 존재였고, 살아오면서 그렇게 자기 삶의 긴 이야기들을 풀어놓은 적이 없었을 테니. 아마 아이는 배 속에서 목수 아빠 덕에 집을 몇 채는 지었을 것이다. 급기야 소재가 다 떨어져 성경 이야기부터 부처님 이야기까지, 남편은 참 성실히도 아이에게 세상 이야기를 들려주었다. 덕분에 나도 늘 이야기를 들으며 잠이 들었다.

만삭이 되기 전까지 108배와 요가를 하며 마음을 단정히 하였고, 밤 10시 전에 꼭 잠을 청했다. 음악을 좋아하는 남편 덕분에 CD나 MP3 기계음이 아닌 LP판으로 늘 음악을 들려주었다. 그동안 놓고 있었던 악기도 다시 집어들었다. 행복하게 지내서인지 아이가 기운이 좋은 아이여서인지 몰라도 내 인생에서 가장 몸이

가볍고 건강했던 날들이었다. 그것은 어쩌면 나를 돌보고 사랑하는 일이기도 했다. 신기하게도 그렇게 퍼마시던 술 생각은 하나도 나지 않았다.

출산, 그 경이로움에 대하여

그렇게 시간은 흘러 예정일이 가까워왔다. 아이가 여러 사람들에게 축복받으며 태어났으면 해서 예정일과 가까운 정확한 날짜를 늘 아기에게 이야기해줬다. 산파가 말하길 태아는 영적인 존재여서, 부모가 원하는 날짜를 잡아 자주 이야기해주면 열에 아홉은 그날에 나온다는 것이었다. 그 말을 믿고 우리도 그리 하였으나 정작 그 날짜가 되었는데도 아이는 나올 생각이 없었다. 그래도 혹시나 하는 마음에 먼 곳에 있는 동생을 아이 핑계 삼아 불러들였고, 집 주변에 자란 풀들이 맘에 걸려 '우리 아기가 나올 수 있는데 집도 단정히 해야지' 하며 만삭의 몸으로 쪼그려 앉아 풀을 정리했다. 저녁이 되어 풀벌레 소리 들으며 도란도란 놀고 있는데 신기하게도 사르르 배가 아파왔다.

산파가 오지 않은 상태여서 배 아픈 산모 빼곤 모두 초긴장 상태였다. 걷기도 하고, 욕조 물에 들어가기도 하고, 변기에 앉아 있기도 하며 자유로운 자세로 산파를 기다렸다. 나중엔 물속에 있는 것이 그나마 아픔이 덜해 욕조에 들어가 있는데 뭔가 불쑥 나오는 느낌이 들었다. 당황한 남편은 나를 안아서 아이를 낳으려고 준비해놓은 곳에 눕혔다.

그리곤 3초도 안 되어 뭔가 철퍼덕 하며 쏟아져 나왔고 난 본능적으로 '이제 힘을 빼야지. 우리 아기에게 스스로 나올 기회를 주는 거야' 생각하며 온몸에 힘을 뺐다. 너무! 정말! 몹시! 어떤 말로도 표현될 수 없을 만큼 아팠기에 긴장한 몸을 갑자기 이완한다는 것은 힘든 일이었지만 임신 기간 내내 아이에게 스스로 나올 수 있는 기회를 준다는 것에 큰 가치를 두었기에 어쩌면 자연스럽게 몸이 선택한 일일지도 모르겠다(나중에 남편과 동생에게 들은 거지만, 정말 신기하게도 머리가 나온 후 아기가 스스로 몸을 돌리며 뱅그르르 나왔다고 한다).

남편은 감격스러운 표정으로 아기를 조심스레 들어 내 가슴 위에 올려주었다. 아기와 내가 연결된 탯줄은 터질 것 같이 탱글탱글 쿵쿵 뛰었고, 우린 탯줄이 사명을 다할 때까지 자르지 않고 기다려주었다(산소와 양분이 공급되던 탯줄을 곧바로 자르면 아기들이 갑자기 폐로 호흡하며 큰 충격을 받는다고 한다).

르봐이에의 말처럼 평화롭게 태어난 아기는 울지 않았고, 가슴 위에서 엄마 심장소리를 들으며 꼬물거렸다. 아기의 시력 보호를 위해 촛불만 켜두고 우린 미리 준비한 노래를 불러주었다. 그리고 아빠는 아기를 축복하는 편지를 읽어주었고, 아기는 여러 사람들의 축복을 받으며 엄마 젖을 물었다. 이제 지구별에서의 삶이 시작된 것이다!

　십여 분이 지나 남편이 흐늘흐늘해진 탯줄을 불에 소독한 가위로 조심스레 잘랐다. 이내 아기를 감싸고 있던 태반도 나왔다. 태반은 미리 심어두었던 아기나무 밑에 잘 묻어주었고, 동네 어르신은 손수 새끼줄을 꼬아 고추와 숯을 달아주셨다.

함께하는 육아

　어느새 나는 태교에서부터 가정분만까지 보통 사람들과 다른, 특별한 사람이 되어 있었다. 집에서 낳던 것이 당연하게 여겨졌던 옛 시절엔 병원에서 낳는 산모가 특별해 보이고 여유 있어 보였겠지만 이제 상황은 달라졌다. 병원에서 출산하는 것을 당연하게 여기는 요즘엔 가정분만을 한다고 하면 대단하고 특별한 사람으로 여긴다.

　하지만 나로선 크게 어려운 선택은 아니었다. 병원 말고도 가정분만이라는 선택의 여지가 하나 더 있었고, 내게 더 이익이 되는 쪽을 선택한 것뿐이다. 무엇보다 주체적인 출산을 하고 싶었다. 아이를 낳고 나서야 하는 말이지만 실은 산파도 없이 진통을 겪으면서 병원 가고 싶다는 생각을 얼마나 했는지 모르겠다. 차라리 병원에 가면 조금 덜 아프진 않을까, 덜 힘들지 않을까, 더 빨리 낳을 수 있지 않을까 하고. 하지만 가정분만을 준비하다 결국 용기가 없어 병원에서 아기를 낳은 동생을 지켜보며 나의 판단이 옳았음을 확신했다. 동생은 병원에 가서 환자복으로 갈아입고 링거를 맞는 순간부터 병원에 의지해야 한다는 무력감이 들었다고 했다. 옆에서 지켜보니 병원에서는 오로지 아이를 빨리 나오게 해야 한다는 생각만으로 질 속에 손을 집어넣어 수시로 확인하고, 급기야 양수를 터트리기까지 하니 그 과정에서 동생이 할 수 있는 건 아무것도 없었다. 자연분만이지만 제왕절개와 다른 인공분만 같다는 생각이 들 정도였다. 병원에서의 여성의 몸은 자신의 소유가 아닌 것이다.

간혹 사람들은 "태교든 가정분만이든, 3년을 엄마가 집에서 육아를 하는 것이든, 모두 여유 있는 사람들의 이야기가 아니냐?"고 묻는다. 사람들이 말하는 그 여유는 '돈'일 수도 있겠고 계속 이어가고 싶은 자신의 '직업' 또는 '꿈'과 관련된 것일 수도 있겠다. 모든 것이 선택이듯 그런 잣대로 치자면 난 정말 여유가 없는 사람이었다. 부모가 아이 키우는 것을 개인의 몫으로만 돌리지 않고 사회의 물질적 뒷받침이 있으면 좋겠지만, 당장은 변할 리 없는 현실에서 나는 돌봄의 가치에 더 큰 의미를 두었다.

아이를 낳고 키우며 긴 생애 속에 돌봄이 반복되는 우리 삶을 들여다보게 되었다. 나도 돌봄을 받으며 자랐고, 지금 아이를 돌보고 있고, 나이가 들면 내가 원하든 원치 않든 누군가의 돌봄을 받아야 한다. 돌봄의 가치 자체는 매우 숭고하게 여기면서도, 돌봄을 행하는 주체는 이 사회에서 분명히 평등하지 않다. 대부분 여성의 몫이므로.

모성적 실천을 너무 당연하게 여기는 문화가 이 사회에 배어 있고, 또 한편 돌봄에 대한 거부가 일어나고 있는 요즘, 우리는 정말 평등한 관계에서 돌봄을 받고 또 하고 있는지에 대한 깊은 사유가 필요하다. 평등하지 못한 구조 속에서 누군가를 돌봐야 하는 상황에 많은 여성들이 고통스러워하고 있다. 아이를 키우면서 돌봄의 가치를 사회적으로 어떻게 끌어올릴 수 있을지, 또 어떻게 하면 평등한 관계 속에서 돌봄을 구축할 수 있을지 고민하게 되었다.

아이가 태어나고 호주를 누가 할지 남편과 심각하게 이야기를 나눴다. 그리고 아이에게는 엄마, 아빠 성 두 개를 이름 앞에 붙여 주었다. 말을 하기 시작하면서 친할머니, 외할머니란 호칭보다는 "누구누구 할머니~" 하고 할머니들의 이름을 부르도록 했다. 살면서 이름을 불릴 일이 많지 않은 두 분은 아이가 불러주는 이름에 무척 행복해하셨다.

가사노동은 누가 누구를 도와주는 개념을 넘어서고자 했다. 남편과 네 일 내 일 구분하지 않고 해야 할 일들을 함께하고 있다. 익숙한 가부장 사회 속에서 평등한 육아를 실현하기란 쉽지 않지만, 우리 부부는 서로 성찰하고 나누며 가정 안에서라도 평등을 실천해가려 애쓰고 있다. 부모가 삶으로 보여주는 일이 아이에겐 가장 큰 배움일 것이므로.

배움의 첫 시작, 나를 인정하는 일

대안학교에서 아이들을 가르치며 학부모님들에게 늘 강조하던 것이 있었다. 내 자식만 잘 키우려 하지 말고 모두 우리 아이라 생각하며 함께 키우자고. 자기 새끼만 잘났다고 생각하는 이기적인 부모들을 보면 화가 났다. 그런데 내가 자식을 낳아 보니정말 내 자식만 보였다. 백 명, 천 명이 모여 있어도 내 자식만 밝게 빛나 보일 정도였다. 뭐라 표현할 수 없을 만큼 예쁘고 사랑스러웠다. 객관성을 갖기란 참 어려운 일이었다. 우리 아이가 다른 아이에게 소리를 지르거나 밀거나 하면, '상대방 아이가 잘못했으니 우리 아이가 저렇게까지 하지' 싶었다. 속으로는 그러면서, 체면이 있으니 내 자식을 야단쳤다. 울고 떼쓰는 행동을 해도 내자식은 이유가 있어 그러는 것이고 남의 자식은 '왜 저럴까?' 하고 생각했다.

듣기 좋은 말들을 모두 알고는 있어도 직접 실천하는 것은 어렵다. 모두 내 자식이라 생각하고 함께 교육해야 한다는 것도 다아는 사실이지만, 그렇지 않은 나의 모습을 인정하기란 쉽지 않다. 하지만 무엇이든 진정한 배움의 첫 시작은 나를 인정하는 일이다. 우리는 단 한순간도 혼자서는 존재할 수 없다. 내 아이만 잘 되고 사회는 엉망이라면 내 아이가 잘난들 무슨 소용이 있을까? 내 아이만 위한다는 것은 결국 큰 관점에서 보면 오히려 손해인 것이다. 자식을 통해 나의 모습을 솔직히 바라보고 인정하는 일은 참 어렵지만 그럴 때 진정한 배움으로 한걸음 나아갈 수 있다.

사실 조금 더 솔직해지자면, 처음에 우리 부부가 남다른 태교나 가정분만을 계획했던 것은 다들 힘들다는 육아를 좀 쉽게 해보고 싶다는 속내가 있어서였다. 하지만 현실 속의 육아는 여전히 힘들고, 내 아이가 그리 특별하고 대단한 아이도 아니었다. 태교는 모든 것의 해결책이 아니라 최선의 선택일 뿐이다. 훌륭한 아이가 태어났으면 하는 기대나 바람보다, 스스로 좋은 부모가 되기 위한 인간적인 노력이 태교의 첫 시작이다. 이것이 아이 앞에 좀 더 당당히 설 수 있는 부모의 자세가 아닐까 생각한다.

나 또한 부족함이 많고 준비되지 않은 엄마였지만, 남편과의 갈등에서부터 시작한 태교, 가정분만까지 우여곡절 끝에 지금은 아이 앞에 당당하고 주체적인 엄마이자, 이전보다 조금 더 성숙한 인간으로 성장해가고 있다. 그리고 육아에 무지하던 남자, 나의 남편도 어느새 중요한 순간을 함께 나누고 천천히 걸어가는 동반자가 되었다. 산파가 오지 않아 언제 아이가 나오는지도 모르고 너무 아프기만 했던 마지막 순간, 고통을 참지 못하고 병원에 가고 싶다고 했을 때 끝까지 격려하며 손을 잡아주던 남편이 있어 평화로운 출산으로 이어질 수 있었다.

아이는 젖을 뗄 때도 미리 약속한 날짜에 젖을 먹지 않아 엄마를 당황스럽게 했고, 배변을 가리는 일도 그랬다. 하지만 우리는 믿음이 생겼다. 아이가 태어날 때 스스로 몸을 돌리며 나온 것처럼 아이를 믿고 기다리면 스스로 자신의 걸음에 맞추어 성장한다는 것을. 다만 부모가 할 일은 친절하고 또 친절하게 지켜봐주며, 점점 성장해가는 아이를 조금씩 놓아주는 일이라는 것을.

월악산 자락 공기 좋은 곳에서 태어난 아기는 자연스럽게 엄마 젖을 빨았고, 그렇게 3년 동안 엄마 품에서 잘 자랐다. 우리는 아이를 통해 평생 함께해도 즐거운 공동의 목표가 생겼다. 한 아이의 삶에 등대가 되어주는 것. 3년이라는 짧은 시간 동안 평생 자랑거리로 삼을 만큼의 위대한 일을 함께 해냈다는 의미에서 우리 부부는 인생의 진정한 동반자가 되었다. 더불어 아이를 통해 끊임없이 스스로를 비추고 '진정한 사랑'의 의미를 깨달으면서 우리는 어른이 되어가고 있다.

많은 사람들이 우리처럼 준비되지 않은 채 부모가 되겠지만, 그 상황을 어떻게 받아들이느냐에 따라 부모의 삶도 아이의 삶도 달라진다. 작은 호기심과 즐거운 상상으로 쉽고 자연스럽게 시작하다 보면 어느새 그 상상이 현실이 되어 있음을 발견할 것이다.

(vol. 89, 2013. 9-10)

아빠 육아, '다시 사는 자'의
괴로움과 즐거움

아빠는 위험해

어른들도 꿈을 꾼다. 지금까지와는 다른 삶을 살고 싶다는 꿈.
나 역시 그랬다. 목수가 되고 싶었고 다큐멘터리 작가가 되고 싶
기도 했다. 한번은 남극 세종과학기지에서 대원을 모집한다는 공
고를 보고 인연이 있는 한국해양연구원 박사에게 전화를 걸기도
했다. 방법이 없겠느냐고. 이미 아내를 설득한 상태였다. 결국 자
격이 안 되어 과학기지 대원이 될 수는 없었지만.

_____

신동섭 _ 두 살 터울 남매를 둔 아빠. 8년 동안 주양육자로 육아 경험을 담은 『아빠
가 되었습니다』와 파주에서의 텃밭농사 경험을 담은 『가족텃밭 활동백과』 같은 책
을 냈다.

그런데 서른일곱 살 되던 해, 그러니까 2008년 1월 4일 '다른 삶'이라는 꿈을 이루고야 말았다. 사회생활을 계속하고 싶어 하는 아내를 대신해 백일이 갓 지난 첫째의 주양육자로 나선 것이다. 다른 삶도 다른 삶이지만, 극성이라면 극성이고 반성이라면 반성이었다. 남들 못지않게 잘 키워보고 싶다는 극성과 지금까지와는 다르게 '잘' 살아야겠다는 반성.

그런데 막상 이룬 꿈의 현실은 좌충우돌 정도가 아니었다. 비포장 도로를 달리는 수레의 바퀴가 된 것 같았다. 배려심이라고는 눈곱만큼도 없는 주인 아래 종살이를 하는 것 같기도 했다. 아빠라서 그런 게 아니라 육아라는 일 자체가 그랬다. 재우고 먹이고 똥오줌 치우고 씻기고 입히고 놀아주고 놀아주고 놀아주고…. 하나부터 열까지 대신해줘야 하고, 곁에서 함께해야 했다. 힘들다고, 다른 급한 일 생겼다고 적당히 할 수 있는 일도 아니었다.

두 돌쯤 되어 말귀가 통하면 좀 편할까 싶었는데 그때가 되니 또 다른 시련이 닥쳐왔다. 먹어라 먹어라 할수록 안 먹고, 입어라 입어라 할수록 안 입었다. 그런데 자기가 하고 싶은 건 또 죽어라 하려 들었다. 눈앞에서 커다란 어른이 붉으락푸르락 '괴수'로 변하려고 하는데도 이 조그만 괴물은 눈도 깜짝하지 않았다.

둘째가 태어나고 일 년 정도 지나서는 더 그랬다. 동생이 태어나자 아우타기를 시작한 데다 미운 세 살 시기까지 겹친 딸아이는 그동안 쌓은 육아 지식과 노하우를 무용지물로 만들어버리는

'훼방꾼' 그 자체였다. 한번은 둘째가 배고프고 졸려 칭얼거리기 시작하니까 잘 놀던 첫째가 갑자기 안아달라며 떼를 쓰기 시작했다. 첫째를 달래면 둘째가 울고, 둘째를 달래면 첫째가 울고, 결국 나는 '분노'에 가까운 감정을 주체하지 못하고 첫째에게 버럭 소리를 지르고 말았다. 시계를 보니 두 시간 동안 정신없이 두 아이 사이를 오가고 있었던 것이다. 정도의 차이는 있지만 당시 하루에 한두 번은 이런 일이 벌어지다 보니 다음날이 오는 게 두렵기까지 했다. 내 안의 폭력성을 억누르려고 심호흡을 해야 할 때가 여러 번이었다.

홍명희 소설 『임꺽정』에는 임꺽정의 의형제로 쇠도리깨를 잘 쓰는 곽오주란 인물이 나온다. 그는 술에 취해 배고파 우는 자기 아이를 내동댕이쳐 죽게 만들고 마는데, 이때의 충격으로 우는 아이만 보면 쇠도리깨로 때려죽이는 무시무시한 인물이 된다. 아이를 어를 때 '곽쥐 온다'는 말은 바로 곽오주를 이르는 말이다.

실제로 욱하는 성질 때문에 아빠들이 어린 아기를 다치거나 죽게 하는 사건이 요즘에도 종종 일어난다. 일명 '흔들린아기증후군'이라는 것이다. 아기를 기분 좋게 하기 위해 위아래로 흔들다 실수로 뇌손상을 입히는 경우도 있지만, 뜻대로 되지 않는 아기에게 화가 나서 격렬하게 흔들다가 벌어지기도 한다. 가령 보통은 아기를 안아서 재우는데, 빨리 재우고 싶은 마음이 앞서면 아기도 그 마음을 느껴 오히려 쉽게 잠들지 않는다. 한두 시간이 지나도록 안고 있다 보면 짜증이 나면서 안고 있는 팔에 과격한 힘이 들어가게 되는 것이다. 솔직히 말하자면 나도 아이를 재우다 거칠게 흔든 적이 한두 번이 아니다.

아빠 육아의 장점

물론 이 공포스런 경험이 내가 경험한 육아의 전부는 아니었다. 다행히 육아에는 이 모든 어려움을 잊게 하는 즐거움과 기쁨이 동반된다. 육아를 도맡은 아빠로서의 즐거움 중 하나는 보통의 아빠들은 운이 좋아야 목격할 수 있는 '현장'에 항상 함께할 수 있다는 것이었다. 뒤집고, 되뒤집고, 배밀이하고, 앉고, 기고, 서고, 걷고, 달리고, 계단을 오르고, 젓가락질하고, 똥오줌 가리고, 옷 입고 등등 아이들은 하루가 다르게 성장하며 부모를 놀라게 한다. 6주 전후의 사회적 미소부터 시작해 옹알이를 하고, "엄마" "아빠"를 발음하고, 두 음절에서 세 음절로, 단어에서 문장으로 말 속에 자기 생각을 담아가는 아기를 지켜보는 기쁨은 또 어떤가. 부모가 자기 아이를 천재로 착각하는 건 당연한 일일지도 모른다.

주양육자로서 성취도 있다. 소아신경과 전문의인 김영훈이 쓴 『엄마가 모르는 아빠 효과』에서 말한 그 '아빠 효과'이다. 이 책에서는 활동적이고 윤리적인 아빠의 영향으로 아이의 인지능력뿐만 아니라 사회성, 도덕성 등이 발달한다고 말한다. 특히 아들이 아빠의 영향을 많이 받는다고 하는 것도 이와 같은 맥락일 것이다. 또 아빠 육아의 장점으로 운동신경과 근력도 빼놓을 수 없는데, 직접 해보니 육아는 남자가 해야 하는 거 아닌가 싶을 정도로 고된 노동력을 요구했다. 섬세한 손길과 더불어 강한 근력이 있으면 더 잘할 수 있는 게 바로 육아이다.

나의 경우는 운동신경과 근력을 살려 유모차 대신 자전거를 이동수단으로 이용했다. 아직도 이 사회에는 낮시간에 아빠 혼자 유아차를 끌고 가면 신기하게 쳐다보는 경향이 있어 불편했는데, 아기띠를 하고 자전거를 타면 주위 시선을 신경 쓸 필요가 없다. 게다가 어디든 갈 수 있다. 당시 서울 마포에 살고 있던 나는 홍대거리부터 시작해 한강변, 월드컵공원, 선유도공원 등등 "봄이 오면 산에 들에 진달래 피고~" 노래를 부르며 아이와 함께 자전거를 타고 잘도 돌아다녔다. 저녁에는 조금 일찍 엄마 마중을 나와 자전거로 골목골목을 누볐는데, 첫째아이는 내가 즉석에서 작사 작곡해서 부르는 엉터리 노래를 들으며 잠이 들곤 했다.

뿐만 아니라 상대적으로 겁이 많지 않은 것도 때로 아빠 육아의 큰 장점이다. 일상생활에서 안전을 최우선으로 하는 엄마와 달리 다양한 경험을 중요시하는 아빠는 일단 해보게 하는 경향이 있다. 위험한 놀이터가 더 재미있다고 생각한다.

밥 먹으라고 숟가락 들고 쫓아다니지 않고, 잘못을 했을 때 꾸

짖는 걸 주저하지 않는 쪽 역시 아빠이다. 『민들레』 98호에 썼던 '텃밭놀이'를 적극적으로 할 수 있었던 것도 힘 있고 활동적인 '아빠'였기에 가능한 것이었다.

아빠라서 더 특별한 걸까

최근에는 얼마 전 종영한 예능 프로그램 〈아빠 어디 가〉부터 〈슈퍼맨이 돌아왔다〉, 〈오 마이 베이비〉 그리고 조금 성격이 다르지만 〈아빠를 부탁해〉까지 연예인들의 자녀 양육을 다룬 프로그램이 지속적으로 인기를 끌고 있다. 물론 텔레비전은 현실과 큰 차이가 있다. 아무리 '리얼'이라고 표방해도 연출과 연기 그리고 편집이 빚어낸 일종의 판타지일 것이다. 집 평수부터 살림살이까지 나와 다른 출연자들의 생활수준도 그렇다.

하지만 무엇보다 큰 차이는 일반인들의 육아에선 이런 프로그램에 출연했을 때와 같은 보상(출연료, 광고)과 사람들의 관심이 돌아오지 않는다는 것이다. 엄마들의 주된 하소연이 바로 이 부분이다. 내가 『아빠가 되었습니다』라는 책을 낼 때쯤 육아 책을 썼다고 한 엄마에게 말하자 이런 반응이 돌아왔다. "엄마가 하면 당연하다고 생각하면서, 아빠가 하면 주목받는 게 공평하다고 생각되진 않아요."

맞는 말이다. 육아가 어려운 이유는 육체노동과 감정노동의 결합인 육아 그 자체가 어려운 점도 있지만, 사회뿐만 아니라 가족 안에서조차 육아의 가치를 정당하게 인정해주지 않은 '문화'가 더 큰 것 같다. 가까이에 있는 사람 몇이라도 알아주면 참아낼 텐데, 아니, 힘을 내서 더 잘해보려고 노력할 텐데 걸핏하면 "애 좀 잘 봐" "너 때문에 애가 이렇다"라고 하니 누가 춤추며 육아를 할 수 있겠는가.

'독박 육아'라는 말도 있지만 세상에서 혼자 하는 육아만큼 힘든 일도 없다. 도맡아 아이를 돌보다 우울증에 걸리는 엄마들도 많은데, 이런 엄마들은 '나'라는 존재가 지워지면서 영혼이 고갈되는 느낌을 받는다.

하지만 누군가와 같이 하면 또 할 만한 게 육아이기도 하다. 내게는 아내가 있었다. 열심히 도와주고 지지해줘 더 힘을 낼 수 있었다. 가끔이기는 하지만 밖에 나가서도 당당할 수 있었다. 자존감이 떨어지지 않았으니까.

온전한 나를 찾는 과정

글로는 다 표현 못할 어려움들이 많았지만, 긴 시간 아이들을 돌본 내가 가장 하고 싶은 이야기는 육아를 통해 '다시 사는' 기회를 가질 수 있었다는 것이다. '유아기 기억상실증childhood amnesia'이라고 해서 보통 아이들도 다섯 살 이전의 기억은 잘 떠오르지 않는다고 한다. 그런데 기억나지 않는 그 시절이 인생의 근원이 된다니, 무척 중요한 시기이다. 만 6세까지의 양육 환경에서 성격의 80퍼센트가 형성된다는 연구도 있으니 말이다.

그러니까 '다시 산다'는 건 이런 것 같다. 하나부터 열까지 해주어야 하고, 항상 옆에 붙어 있어야 해서 힘들다고 말했던 육아의 그 이면이다. 아이라는 타임머신을 타고, 지금은 기억나지 않는 나 자신의 영유아기로 돌아가는 것이다. '나도 이랬을까?' '엄마도 내게 이랬겠지….' 이유식을 만들며 엄마들은 아무런 조미도 하지 않은 원재료의 맛을 경험한다. 똥오줌을 치우며 아기의 건강 상태를 가늠해보고자 얼굴을 기저귀에 갖다 댄다. 아기가 기기 시작하면 더 잘 기라고 함께 긴다. 아기와 함께 노래 부르고 신나게 엉덩이춤도 춘다. 소꿉장난도 하고, 구슬 꿰기도 하고, 블록 쌓기도 하고, 그림도 그리고, 놀이터 순례도 하고, 공원으로 나들이도 간다. 나는 하나부터 열까지 아이들과 함께하는 그 과정을 통해 잃어버린 내 어린 시절의 기억을 되찾아 온전한 자신을 만나는 경험을 했다.

돌이켜보면 대한민국에서 아이를 키운다는 것은 '은하계를 여행하는 히치하이커'가 되는 일과 비슷한 것 같다. 과거와 현재 그리고 미래를 수시로 오갈 뿐만 아니라 좌충우돌, 허겁지겁, 돌아버릴 것 같음, 경이로움, 즐거움, 두려움, 책임감 등등 수많은 상황과 감정에 수시로 놓이게 되기 때문이다. 하지만 조금 낭만적으로 이야기해서 여행자의 훈장은 바로 그런 것이 아닐까 싶다. 비록 알아주는 사람이 별로 없지만 제 가슴속에 반짝이고 있는 것만은 분명하니 말이다.

부모가 되어 이루게 된 꿈, '다시 사는 자'의 즐거움과 괴로움을 오가는 사이, 오늘도 두 아이는 무럭무럭 자란다.

(vol. 99, 2015. 5-6)

꼴찌여도 괜찮아

정말 괜찮으세요?

1/2+1/3=2/5

수학적 개념을 얼마나 잘 이해하느냐를 가늠하는 최초의 관문, 분수에서 내 딸 지원이의 답이다. 초등학교 3학년 수학. 분수의 개념이 처음 등장한다. 나는 아이를 앉혀놓고 피자 나누기를 예로 들며 열심히 분수의 개념을 설명한다. 그러나 아이는 나눌수록 점점 작아지는 분수 개념의 첫걸음조차 이해를 못한다. 지

최경숙 _ 사회복지 공무원이자 공부만 빼고 다 잘하는 딸아이를 둔 엄마. 작가가 되고 싶어 다양한 글쓰기에 도전하고 있다.

원이는 마침내 "왜 자꾸 피자 얘기만 해?" 하며 짜증을 낸다. 평소 분노조절의 강자라고 자만하던 나였지만 정말 한 대 때려주고 싶은 심정을 억누르기가 힘들다.

"이걸 알아야 분수 개념을 알 수 있어!"

눈치 빠른 아이는 내 목소리에 깃든 억눌린 떨림을 감지한다.

"엄마, 지금 화났지?"

"아냐." 나는 최대한 표정을 감추며 말한다.

"화난 거 맞네."

그래. 화난 게 맞았다. 결국 그날의 시도는 참담한 실패로 끝났다. 이후로도 '엄마와 수학 공부하기'는 시도로만 끝났고, 아이는 '수학 못하는 사람'의 길을 꿋꿋하게 걸었다. 못하는 것이 수학뿐이라면 좋았겠지만 전 과목에 걸쳐 아이는 교과과정을 제대로 이해하지 못함이 분명했다. 받아오는 시험지마다 동그라미는 몇 개되지 않았다. 중학생이 되면서 그 '공부 못함'은 성적과 석차라는 수치로 더 명확히 드러났다. 영어와 몇몇 예체능 과목을 제외하고는 전 과목이 꼴찌 부근에서 맴돌았다.

한번은 정말 궁금한 마음 반, 슬쩍 비꼬고 싶은 마음 반으로 아이에게 물어보았다.

"친구들은 네가 이렇게 공부 못하는 거 아니?"

그러자 아이는 별 이상한 질문도 다 들어본다는 듯 대답했다.

"모르지."

지원이의 성적은 특성화고등학교에서 친 첫 시험에서 마침내 전교 꼴찌를 찍었다. 일시적인 방황의 결과라고 말하고 싶지만 사실은 예정된 일이었다. 애초 지원이의 성적으로는 자신이 원했던 디자인 특성화고등학교에 들어갈 수 없었다. 지원이는 그 학교에 들어가기 위해 취업희망자 특별전형으로 응시하여 취업서약서를 쓰고 면접을 봐서 합격했다. 한마디로 열정 하나로 턱걸이해서 입학한 학교였던 것이다.

이쯤 되면 나와 지원이에게 애정을 가진 사람들은 나직이 묻는다.

"아이가 꼴찌여도 괜찮아?"

그리고는 덧붙인다.

"나도 공부 못해도 된다, 건강하게만 자라다오, 생각했던 사람인데 막상 아이가 학교에 가니까 절대 그렇게 안 되던데."

사람들은 끝없이 묻는다. 아이가 공부를 못해도, 꼴찌를 해도, 대학을 못 가도 괜찮으냐고. 나는 괜찮다고 답한다. 말만 그런 게 아니라 백 번을 생각해도 정말 괜찮다. 아이가 전교 꼴찌여도 괜찮다. 아이가 대학을 가지 않아도 괜찮다. 설령 편의점, 햄버거 가게에서 알바를 하며 살아도 괜찮다. 아이가 자신이 하는 일에서 만족을 느끼고, 주위 사람들에게 생기를 나눠주고, 자신의 일터에서 스스로 성장하는 사람이면 충분하다.

나는 오히려 되묻고 싶다. "괜찮으세요? 아이가 남들과 비교당하며 만성질환으로 패배감을 앓아도? 아이가 자신이 어떤 사람이 되고 싶은지 몰라도? 정말 괜찮으세요? 아이가 있을지 없을지도 모를 미래의 행복을 위해 지금의 행복을 저당 잡혀도?"

우리 집은 모자원

지원이의 기억이 닿는 가장 오래된 '우리 집'은 모자원이다. 모자원. 지원이는 이 이름을 무척이나 재미있어 했다. 모자처럼 생긴 집은 아니었지만 건물이 들어선 산의 뾰족한 봉우리가 모자 모양으로 봐줄 만했다. 모자원은 한 지붕 아래에 45명의 엄마들이 아이를 키우며 공동체 생활을 하는 곳이었다. 어린이집 차가 모자원 현관에 아이들을 내려주면 지원이는 집에도 들리지 않고 곧장 친구 집에서 놀곤 해서 저녁 먹을 시간이면 나는 아이를 찾아 이집 저집 문을 두드리며 다니곤 했다.

주말이면 아이는 놀이터에서 놀면서 친구들이 모이기를 기다렸다. 산으로 올챙이를 잡으러 가기도 했다. 모자원이 위치한 산은 등산객들이 찾을 정도로 꽤 큰 산이었다. 그곳에는 언제나 놀거리가 많았다. 아이들은 유격대를 만들어 숲을 탐험했다. 크리스마스 때면 파티가 열렸다. 지원이는 아이들과 함께 연습한 공연을 했고 교회에서 온 사람들이 선물을 듬뿍 안겨주었다.

한번은 샐쭉한 표정으로 지원이가 말했다.

"엄마, 아이들이 나보고 안성탕면이라고 놀려."

"왜?"

"성이 안씨라고. 진수민은 진라면이고 신예지는 신라면이야."

또래였던 '라면 세 자매'는 그렇게 모자원이란 공간과 3년이란 시간을 공유했다.

그리고 지원이가 초등학교 1학년 때 나는 이름도 아름다운 경남 산청으로 발령을 받았다. 버스는 산으로 산으로 들어갔다. 겹겹이 펼쳐진 능선이 치마폭마냥 우리를 감쌌다. 거대한 산이 서서히 닫히는 문처럼 길을 좁혀왔고 그 사이로 버스가 위태롭게 달렸다. 버스가 '덕산'이라는 바위 문을 통과하는 순간 거짓말같이 산들이 열리며 넓은 평지가 나타났다. 가장자리로 강이 보를 형성하며 흘렀고 사방이 산이었다. 정면으로 천왕봉이 보였다. 눈앞에 우뚝 솟은 지리산은 차라리 거대한 산맥이었다.

지금까지의 공동체 생활과는 전혀 다른 환경이 지원이에게 주어졌다. 친구 집에 가려면 아이 걸음으로 한참을 가야 하는 인구밀도 희박한 지리산 산골이었다. 당시 내가 근무했던 면사무소와 지원이의 초등학교는 지적에 있었다. 지원이는 학교를 마치면 내가 일하는 곳에 와서 가방을 휙 던져놓고는 산으로 들로 친구들과 어울려 놀았다. 퇴근 무렵이면 난 모자원에서처럼 아이를 수소문해 찾아서는 함께 손잡고 집으로 걸어가곤 했다. 천왕봉을 등지고 덕천 강변을 따라 집으로 가는 길에는 넓은 공원부지에

덩그렇게 놓인 무대가 있었다. 그곳이 맘에 들었는지 종종 지원이는 그 무대에서 혼자 춤을 추었다. 산을 배경 삼아 진지한 표정 연기를 하며 춤추는 아이를 바라보며 난 가슴이 벅찼다.

산청은 참으로 아름다운 곳이었다. 그곳에서는 길가의 엉겅퀴조차 장엄하게 피어났다. 비가 올 때면 너른 지면에 고르게 닿는 빗소리가 웅장하게 울렸다. 창으로는 사시사철 모습을 달리하는 천왕봉이 보였다. 우리는 휴일이면 지리산으로 들어가 놀았다. 소나무 두 그루가 만들어낸 틈을 마법의 세계로 인도하는 문 삼아 요술공주 놀이도 했다. 폭우가 쏟아진 다음날이면 계곡에 가서 무서운 기세로 휩쓸려 내려가는 물살을 하염없이 바라보기도 했다. 대나무 숲에서 죽순도 캤고 농가 일손 돕기도 했다. 한번은 직장 동료들과 양파 뽑기 농가 지원활동을 나갔다. 휴일이었기에 아이를 데리고 갔다. 뿌리를 내린 양파가 상하지 않게 조심스레 뽑아 망에 담는 작업은 힘겨운 노동이었다. 동료들은 고개 한번 들지 않고 양파를 뽑는 아이를 보며 지원 나간 농가의 손녀인 줄 알았다고 했다.

공부 빼고 다 잘하는 아이

그 시절 내가 가장 신경 쓴 것은 아이에게 다양한 환경을 제공하는 것이었다. 관심만 가지면 어디에 사는가 하는 것은 문화생활을 누리는 데 별반 장애가 되지 않았다. 주말이면 인근의 진주에 나가 영화를 보고, 방학 때면 서울에서 뮤지컬 공연을 보거나 전시회를 보았다. 그 과정에서 자연스럽게 아이는 제가 무엇을 좋아하는지, 무엇을 잘하는지를 스스로 알아갔다.

아이는 발레공연을 보면서 매번 졸았고 고전 미술작품 전시회에도 별반 흥미를 보이지 않았다. 진주에는 어린이도서관이 있어 자주 갔지만 애석하게도 아이는 거의 독서 중독 수준인 엄마와 달리 책에도 별반 관심을 보이지 않았다. 공부도 마찬가지였다. 아이가 공부에 소질이 없다는 것은 초등학생 3학년 때 분수를 가르치며 진작 알았던 터였다.

그런 지원이에게 가장 뛰어난 것은 '사람을 끄는 재능'이었다. 중2 때 운영한 아이돌 그룹 팬 블로그를 통해 4만 방문자를 모았다. 어느 캠프에 가든지 지원이가 속한 조는 우승을 자주 했고 선물을 휩쓸었다. 교회에서 청소년부 찬양을 인도했던 지원이가 이사를 이유로 빠지자 출석하던 아이들이 줄었다는 볼멘소리도 들린다. 아이의 또 다른 재능은 베풀 줄 아는 것이다. 구걸하는 사람에게 자기 일주일 용돈을 망설임 없이 주기도 했다. 친구들에게 선물을 사주고 맛있는 것을 사주는 데도 인색함이 없었다. 이러한 재능 덕에 지원이는 세 번의 전학으로 시골과 중소도시와 서울에서 학창 시절을 보내면서도 새 친구를 잘 사귀었고 예전 친구들과도 지속적으로 연락을 하며 인간관계를 넓혀갔다.

그런 지원이의 재능이 활짝 꽃핀 것은 특성화고등학교 3학년 때였다. 밴드에 들어가 전교생 앞에서 공연을 했고, 사람 끄는 재능을 십분 발휘하여 응원단장을 맡았다. 경상도 사투리조차 학교에서는 인기요인이었다. 지원이는 학교 축제 사회를 맡아 진한 사투리를 구사하며 웃음을 이끌었다. 그뿐 아니었다. 애초에 디자인을 하고 싶다며 스스로 선택하여 들어간 학교였다. 첫 시험은 전교 꼴찌였지만 취업을 하려면 중간 정도의 성적은 되어야 한다는 선생님 말씀에 알아서 성적 관리란 것을 시작하더니 1학년 마지막 시험에서 상위권의 성적을 내며 우수상보다 더 값진 노력상을 받았다.

부모 내공 키우기

지원이가 강남의 광고디자인 회사에 출근한 지 한 달이 조금 지났다. 광고팀 수습직원이지만 지원이의 포트폴리오를 눈여겨본 디자인팀에서 테스트 삼아 지원이에게 몇 번 도움을 요청했다. 금세 결과물을 내놓는 지원이에게 회사는 마침내 본격적인 홍보 디자인을 맡겼다. 입사 한 달밖에 안 된 막내에게 말이다. 지원이는 신이 났다. 자유로운 회사 분위기도, 젊고 활기 넘치는 동료들도 좋단다. 가장 기쁜 것은 과제나 공모전을 위한 것이 아닌, 진짜 디자인을 하게 된 것이란다.

고등학교 3학년인 지원이는 2학기 개학과 함께 취업이 되었다. 덕분에 나는 수시나 수능과는 상관없는 고3 엄마가 되었고 딸은 10대에 자신이 하고자 하는 일에 본격적인 첫걸음을 디딘 사람이 되었다. 끼 많은 나의 딸이 그 재능을 살려 즐겁고 신나게 생활하는 모습을 지켜보는 것은 엄마로서 큰 기쁨이다.

모든 것을 잘하는 아이가 못하는 단 한 가지가 공부여도 그 공부를 하도록 강요하는 것이 한국의 교육 현실임을 나도 안다. 공부를 잘해서 상위권 대학에 가고, 스펙을 쌓아 대기업에 입사하기 위해 한 방향으로 줄서기를 강요하는 사회에서 제 갈 길을 선택하여 가는 아이와 그 부모들은 아슬아슬함을 맛본다. 사실 대학 대신 사회생활을 선택한 지원이도, 그것을 기쁨으로 바라보는 나도, 어마어마한 용기와 내공을 필요로 했다.

이런 용기 있는 세계관을 얻는 방법은 따로 스승을 내 집에 모시고 살지 않는 이상 독서밖에 없었다. 활자 중독 증상이 있는 나는 눈에 들어오는 문자를 모조리 읽어내야만 직성이 풀렸다. 그런 나도 어려운 철학책을 읽을 때는 인내가 필요했다. 그렇게 읽어둔 철학, 인문학 책들이 결국 내 안의 어딘가에서 내공으로 쌓여갔다.

또 하나의 방법은 현실 체험이다. 세상을 한 해라도 더 살아낸 사람이 그렇듯 나 역시 인생 공부를 했다. 중요한 것은 내가 어떤 일을 하는 사람인가가 아니라, 그 일을 하는 동안 나는 어떤 사람인가 하는 것임을 알게 되었다. 독서와 현실 체험으로 쌓아온 부모로서의 내공이 아이를 건강하게 키우는 밑거름이 되었다.

어릴 적 강낭콩을 심어 자라는 모습을 관찰일기로 쓴 적이 있다. 물을 주고 볕이 잘 들도록 주변 잡초를 뽑아주고 일주일마다 한 번씩 자란 모습을 그림과 글로 기록하는 사이 나는 강낭콩에 정이 들었다. 콩이 싹을 틔울 때, 넝쿨손이 지지대를 찾아 부지런히 손을 뻗을 때, 연두잎이 점점 초록으로 짙어져갈 때, 장미보다 어여쁜 연보라색 꽃이 필 때, 작은 씨방이 자라나 점점 콩깍지로 여물어갈 때 그 모든 순간이 감동이었다.

아이도 그렇게 자라는 것 같다. 부모의 역할은 아이가 타고난 성향을 잘 살려 원하는 것을 할 수 있도록 믿고 지켜봐주는 것이라고 생각했고 그렇게 아이를 키웠다.

아이들이 지닌 무수한 가능성에 비하면 공부를 못한다는 것은 정말 작은 부분이다. 설령 전교 꼴찌라 해도 마찬가지다. 아이들은 예민하다. '전교 꼴찌여도 괜찮다'는 부모의 생각이 마음고생 끝에 '그래, 공부를 못하니 다른 거라도 시키자'라는 포기의 심정에서 나온 것인지, 자유로운 가치관에서 나온 것인지 귀신같이 안다. 믿음을 갖고 줄서기를 멈추는 순간, 모든 아이는 각자의 타고난 방향으로 마음껏 성장해갈 것이다.

(vol. 101, 2015. 9-10)

양육과 교육의 경계, 그 아찔한 외줄 타기

5월 5일과 5월 8일의 사이는 얼마나 될까?

4월은 잔인한 달이라고 했던가. 하지만 정작 잔인한 달은 5월이다. 부모에게는 '어린이날'이 부담이고, 자녀들에게는 '어버이날'이 부담이다. 아이들을 진정으로 사랑하고 존중하자고 만든 이 날, 아이들은 어른들의 상술에 마트와 놀이공원을 전전한다. 어버이날은 또 어떠한가. '오고 가는 현금 속에 싹트는 사랑'이라는 웃지 못할 명언(?)이 보여주듯 봉투의 두께만큼 그 부담도 함

정수진 _ 서울에서 전북 진안 산골로, 다시 2016년 태국 치앙마이로 이주해 이중언어학교 상담교사로 재직 중이다.

께 커진다. 연인들은 서로 사랑하다가도 어느 순간 서로의 존재가 부담스러워지면 헤어진다. 그렇지만 천륜인 부모 자식 간에 서로 부담스럽다고 헤어질 수는 없지 않은가. 이 날들을 서로의 존재에 감사하며 보낼 수는 없을까?

일정 시기까지는 부모가 자녀를 양육하지만 부모가 어린 자녀처럼 자립할 수 없는 나이가 되면 자녀가 부모를 봉양해야 한다. 나를 위한 날이 '어린이날'에서 '어버이날'로 바뀔 날이 지구와 안드로메다 거리만큼이나 먼 것 같았지만 지나고 보니 찰나였다. 조금만 더 있으면 내가 기르는 나의 아이들에게 봉양을 받게 되겠지. 나의 양육 태도를 보고 자란 아이들이 딱 그만큼의 봉양 태도를 가지고서 말이다.

자녀에게 가장 좋은 교사는 부모?

무릇 양육이라 함은 '보살펴서 자라게 하는 것'으로 육체적인 보호의 의미가 크고, 교육은 '지식과 기술 따위를 가르치며 인격을 길러주는 것'으로 정신적인 성장을 말한다. 그런데 우리는 자녀교육이라는 말은 많이 해도 자녀양육이라는 말은 잘 쓰지 않는다. 나아가 자녀에게 가장 좋은 교사는 부모라는 말에 많은 부모들은 한없는 부담을 느끼며 모두가 '선생님'이 되고자 애쓴다. 학원에 보내지 않는 대신 엄마표 교육의 성공 사례가 이슈가 되고,

강남의 어떤 엄마는 '교육 전문가'라는 신종 직업군을 만들어내며 베스트셀러 작가 반열에 올랐다.

맞벌이 부부가 늘어나면서 아이들의 주양육을 조부모나 보육기관이 담당하게 되고, 부모는 양육권은 있되 양육은 하지 않고 교육만 하려 드는 모양새다. 아이들 양육은 잘 하지만 교육에 그다지 신경 쓰지 않는 부모는 마치 부모로서 직무유기를 하는 것처럼, 그리고 그 아이들은 사회에서 낙오자가 될 것처럼 몰아가는 사회 분위기도 한몫 거든다.

양육과 교육을 둘로 딱 나누기는 애매하지만 일반적인 통념에 비춰볼 때 그 경계는 어디일까. 또한 아이들에게 부모가 가장 좋은 교사라면 가르치려들지 않고 있는 그대로 인정해주고 받아주는 부모의 역할은 정녕 누구에게 바라야 하는 걸까. 부모는 자녀에게 친구가 되어줄 수도 있고, 선생님도 의사도 될 수 있지만 중요한 것은 그 누구도 부모가 되어줄 수는 없다는 것이다.

어릴 적 동네에 아이가 셋 있는 집이 있었다. 그 집은 반지하였는데 장마철만 되면 비가 새고, 어린 내가 보기에도 부모님의 벌이는 시원찮아 보였다. 게다가 아주 비교육적이기까지 해서 아이들에게 욕은 기본이고 때리는 일도 다반사였다. 그런데도 아이들은 엄마 아빠를 무지 좋아했고 늘 시끌벅적했다. 반면 마당에 그네까지 있는 한 집은 우아하고 고상한 엄마가 늘 아이에게 존대를 했고, 걔네들은 그 당시에 있는 줄도 몰랐던 치즈를 손에 들고 나타나 친구들에게 자랑했었다. 그런데 그 집 아이들은 엄마에게 와락 안기는 적도 없었고 집에는 언제나 적막이 흘렀다. 그 당시 열 살 정도 되었던 나는 엄마가 터프한 집 아이들이 왜 엄마를 안 무서워하는지, 우아한 엄마를 왜 안 좋아하는지 이해가 되지 않았다. 이제는 어렴풋이 그 이유를 알겠다.

욕쟁이 할머니에게 욕을 한껏 들으며 밥을 먹어도 그 맛이 꿀맛인 건 할머니의 진심이 느껴지기 때문이다. '문딩이 자슥' 소리를 들어도 날 미워서 하는 소리가 아니란 걸 알고, 아무리 예의 바르게 말해도 애정이 담기지 않았다는 것을 아이들은 본능적으로 알아챈다. 자녀교육서 지침대로 앵무새처럼 말하기보다는 무식하게 소리를 질러도 여전히 사랑하고 있음이 느껴지는 게 오히려 아이들에게는 좋은 거름이 되는 것 같다. 물론 거름에는 조금 구린 냄새가 나지만 그 양분을 먹고 작물들이 건강하게 자라는 것처럼.

소유냐 존재냐

함께 사는 친정엄마가 가끔 서울 나들이를 가시면 아이들은 '그럼 우리 밥은 누가 해줘?' 하고 묻는다. 양육은 할머니가, 교육은 학교가 하고 있으니 더도 말고 덜도 말고 나는 그냥 '잔소리하는 엄마'일 뿐이다.

세상이 빨리 돌아가서 그런 건지 아님 성장호르몬이 들어간 음식을 많이 먹어서 그런 건지는 몰라도 아이들의 발육 상태는 날이 갈수록 빨라지고 있다. 태어난 지 얼마 안 된 아이가 목을 가누고, 여자아이들은 초등학교 3, 4학년이면 초경을 하기도 한다. 발육뿐만 아니라 정신적인 성장도 빨라져 초등학교 고학년이면 사춘기에 접어든다. 예전 같으면 중학생이 되어야 방문을 걸어 잠갔는데 지금은 유치원생도 '내 인생은 나의 것'을 외친다. 때문에 품안의 자식이란 말의 체감도 상대적으로 빨라져 초등 1, 3학년 남매를 둔 나도 '소유냐 존재냐'라는 근본적인 문제를 고민하게 되었다. 어설프게 존재를 존중해주다 보면 방치가 되고, 소유하려는 마음이 불거지면 어느새 아이를 다그치고 있는 딜레마 속에서 허우적거리고 있다. 벼슬도 아닌 이놈의 자녀 양육권을 넘겨줘버리고 나면 속이 시원하련만, 머리로는 익히 알고 있는 훌륭한 이론을 도무지 실천하지 못하고 있는 것이다. 장고 끝에 악수를 둔다고, 자녀교육이 지나치면 훈육의 길로 들어서서 가르치고 교정하려고만 드는 권위형 부모가 돼버린다.

마을, 외줄에서 균형을 잡을 수 있게 해주는

자녀와 거리두기는 어떻게 가능할까? 모르긴 몰라도 아이의 성장을 온전히 내가 책임져야 한다는 부담감이 커질수록 아이에게서 눈을 떼기가 더 어렵지 싶다. 왜냐하면 아무도 내 아이를 책임져주지 않을 테니까. 아이와 부모 사이에 거리를 두게 만드는 완충지대가 없다면 노심초사 아이에게만 시선을 꽂아두고 지나치게 간섭하지 않겠는가. '나'를 넘어선 더 큰 울타리가 그래서 필요한 것 같다.

예전에는 공동체가 살아 있어 큰 울타리 안에서 함께 아이를 키웠으나 이제 '우리 아이'는 그냥 '내 아이'일 뿐이다. 그런데 최근 나는 말 그대로 '우리 아이'라는 표현이 딱 들어맞는 상황을 여러 번 경험했다.

며칠 전 이곳 초등학교에서 운동회가 열렸다. 전교생이 49명뿐이어서 학부모와 교직원을 합쳐도 백 명이 채 안 되는 작은 학교이다. 워낙 학생 수가 적다 보니 전교생이 매번 모든 종목에 참가해야 하는 것은 물론이고 그것도 대부분 부모와 함께 하는 종목이었다. 농사일이 바쁜 부모님들은 반 이상 참석을 못했지만 아이들은 저마다 (친구)엄마의 손을 잡고 뛰었고, 그 아이들은 엄마들에게 '우리 아이'가 되었다. 아이들 또한 누구 하나 자기 엄마가 없다며 섭섭해하지 않았고, 서로 손을 꼭 잡고 달리는 모습은 감동적이기까지 했다. 거기에는 청군, 백군도 내 아이, 내 부모도 없었다. 서울에서 살 때 운동회날이면 자기 아이 사진 찍을 자리를 잡겠다고 아침부터 돗자리를 펴고 앉아 있던 엄마들의 모습이 새삼 떠올랐다.

얼마 전에는 마을의 몇몇 어른들이 아이들을 데리고 근처 계곡으로 놀러가 하루 종일 물놀이를 시켜주었다. 아이들은 직접 잡은 물고기를 넣고 끓여 먹은 라면 맛이 끝내줬다며 함께 가지 못한 나를 불쌍히 여겼다. 가족 단위로 지내던 주말이 마을 어른과 아이들이 한데 어울려 그야말로 '우리'를 이루는 주말로 바뀌었다. 자전거, 장난감은 하나둘 집 밖으로 나와 우리 장난감이 되었고, 그 집 아이가 없어도 거리낌 없이 문을 열고 들어가 한참을 놀다오는 아이에게는 그 집이 우리 집이다. 그리고 그 집 아이는 바로 우리 아이가 된다.

농촌은 지금 농사일이 한창이다. 밭을 갈고, 모종을 심고, 씨를 뿌리느라 하루가 짧다. 해가 길어져 다문화가정 엄마들과 저녁 7시부터 하는 수업이 8시로 미뤄졌다. 해가 있는 동안은 농사일을 조금이라도 더 해야 하기 때문이다. 상황이 이러하니 아이들의 교육은 고사하고 양육도 어려운 실정이다. 이럴 때 아이들은 마을의 돌봄을 받으며 자란다. 마을 어디를 가도 아는 어른들이 있고, 익숙한 자연환경 속에서 해가 질 때까지 스스로 함께 지낸다. 외줄타기를 할 때 중심을 잡아주는 부채나 장대와 같이 양육과 교육의 외줄타기에서는 마을이 부채가 되어 중심을 잡아준다. 선생이 되려는 부모도 없고, 양육에 조금 소홀해도 마을이 돌봐준다. 나는 이렇게 마을 속에서 외줄타기의 고수가 될 때까지 줄에서 떨어지고 올라가는 일을 반복하게 되겠지.

양육과 교육의 조화를 꿈꾸며

양육과 교육이 결코 상반되는 개념이 아니고, 더군다나 항상 나란히 함께 이루어져야 함에도 과도한 양육을 너무 오래 하다가 자녀의 교육을 망치거나, 사교육으로 인한 교육비 부담으로 출산을 꺼리는 양상은 우리 사회의 서글픈 현실이다.

한때 나는 엄마라는 화두로 고민했지만, 요즘에는 부모가 무엇인지 더 고민하고 있다. 엄마(또는 아빠)와 부모의 차이는 무엇일까? 뜻풀이로만 하자면 부와 모의 합성어가 부모지만 '한부모 가정'처럼 굳이 부나 모가 없는 어느 한쪽을 칭할 때도 부모라고 하는 것을 보면 '부모'라는 말에는 사전적인 뜻 외에 함축적인 의미가 더 있는 것 같다. 그건 마치 1+1=2가 아니라 1+1=100이 되는 것과 같이 엄마, 아빠보다 부모님 하면 뭔가 더 깊은 울림이 느껴진다. 그래서 나는 '엄마'에서 조금 더 성장한 '부모'가 되고 싶다.

양육과 교육은 세상의 모든 부모들에게 여전히 어려운 숙제이다. 개별화된 삶을 사는 도시에서 양육을 마을이 함께 맡는 것은 더더욱 어렵다. 그렇다고 도시의 부모들이 전부 그곳을 떠날 수도 없으니, 교육 정보를 공유하는 커뮤니티가 아닌 생활을 공유하는 작은 커뮤니티라도 만들어 진짜 '우리'를 만들어보는 건 어떨까. 굳이 사회성 높이기나 우리 아이 리더 되기 같은 캠프에 보내지 않아도 함께 살아간다는 것의 참맛을 느끼게 해줄 것이다.

지난 봄 덕유산 자락이 점점 연둣빛으로 물들면서도 가장 높은 자락은 아직도 눈이 쌓여 있는 광경을 직접 보니 오묘하기까지 했다. 자연에게 경외심이 느껴지기도 하고, 두 가지를 다 품을 수 있는 품이 마냥 부럽기만 하다.

'모든 경계에는 꽃이 핀다'는 어느 시인의 표현처럼 양육과 교육 사이에도 작은 들꽃 한 송이 피어나길 기다려봐야겠다.

(vol. 63, 2009. 5-6)

내가 학부모이길 결심했을 때

새 학기, 탐색기

새 학기가 되니 마음이 분주하다. 학기 초는 '학부모'로서의 역할에 좀 더 신경 쓰게 되는 시기다. 우리 아이들은 올해 열 살, 여섯 살이 되었는데 각각 공립 초등학교, 시립수련원에서 운영하는 유치원에 다니고 있다. 대한민국 교육 생태계에서 한 발자국도 자유롭지 못한 기관들이다. 이런 상황에서 우리 부부는 비교적 느긋한 편이다. 다른 부모들 얘기를 들어보면 각 학년, 각 연령대

이현주 _ 두 아들과 함께 살면서 '엄마의 역할'과 '나의 성장'이 잘 연결될 수 있도록 애쓰고 있다. 서울 강남 세곡동에서 '냇물아흘러흘러'라는 공간을 남편과 함께 운영하고 있다.

특성에 따라 정해져 있는 코스처럼 새 학기 전에 준비해야 할 것들이 있는데, 그런 정보에도 거의 문외한인 편이다.

큰아이는 올해 3학년이 되었다. 막상 닥치고 나서 주변 분위기를 보니 이때가 '초등학교 입학 전 미리 한글교육을 시키느냐 마느냐' 만큼이나 학부모들의 고민이 깊어지는 시기였다. 영어교과가 시작되기 때문이다. 대부분의 부모들은 2학년 때부터 고민을 많이 하더니 겨울방학 전에 아이들의 영어 선행학습 일정을 세팅하고서야 안도했다.

그 흐름을 바라보면서 우리 가족도 생각을 가다듬었다. 어쩌면 '이러려고 공교육에 보냈다'고도 생각하고 있다. 현장의 고민을 달게 받아들이고 흔들리면서도 그 안에서 중심을 잡아가는 연습이 결국 삶에서 우리가 해야 할 과제라고 생각하고 있기 때문이다. "왜 모두들 영어 공부를 미리 할까?" "지금 영어를 배우기 적합한가?" "영어 선행학습이 가정 경제에 미치는 영향은?" "우리의 영어 공부는 어땠지?" 가능한 모든 질문을 각자에게 그리고 서로에게 던지며 지난겨울을 보냈다. 아이들을 키우는 과정에서 세상과 부딪힐 때 그에 대응하는 나만의 방식이기도 했다. 세상이 던지는 질문을 기꺼이 받아들이면서 우리의 속도와 방식을 스스로 정해가는 것이다. 결국, 아이도 매일 가는 학원은 다니기 싫다고 했고, 나도 그 뜻에 따라 학교에 가서 잘 배우라고 이야기해주고는 새 학기를 시작했다.

큰아이가 어릴 때, 여러 영유아 기관을 탐색하다가 결국 현실적인 판단에 따라 집에서 가까운 병설유치원에 보내며 생각한 것이 있다. 보통의 인간이 추구하는 목표에 대해서. 소통을 통한 행복 추구, '타인을 이해하며 나를 알아가는 즐거움'이 누구나 공통으로 지닌 삶의 목표가 아닐까 하고. 굳이 말로 표현하지 않아도 그런 상황에서 사람들은 행복해지는 거라고. 그것은 학부모든 학생이든 교사든 마찬가지일 것이다. 학교는 '지식을 습득하는 곳'이기도 하지만 '갈등과 소통을 통해 성장하는 곳'이다. 공교육에서도 충분히 그 경험을 할 수 있을 거라 생각했다.

학부모의 역할, 미리 가르쳐 보내는 사람?

우리 부부는 '냇물아흘러흘러'라는 작은 공간을 동네 초등학교 앞에서 운영하고 있다. 동네 엄마들과 아이들이 편하게 드나들며 공부도 하고 놀기도 하는 곳인데, 그러다 보니 학부모 입장의 이야기를 많이 듣게 된다. 이번에 아이를 초등학교에 입학시킨 한 엄마는 이런 이야기를 했다. 총회 때 학교에 갔더니 담임선생님이 "어머님들, 지금 우리 반에 읽고 쓸 줄 모르는 아이들은 세 명밖에 없어요. 그런데 교육청에선 한글부터 가르치라고 하니 저도 참 난처합니다" 하더라고. 그 엄마는 '그 세 명 중 한 명이 우리 아이인데 걱정된다'고 했다.

각 학년마다 이런 사례들이 생겨나니 엄마들은 미리 여러 가지를 걱정하지 않을 수 없다. 선행학습도 이런 염려 때문에 행해지는 것 아닌가 싶다. 상담을 다녀온 엄마들이 선생님에게 '집에서 수학문제 좀 풀려서 보내시라'거나 '아니, 애는 멀쩡한데 영어를 이렇게 못하면 어떡하느냐. 학원이라도 보내시라'는 이야기를 듣고 와 시무룩한 모습을 보이기도 한다.

이런 교육 환경이 엄연한 현실인 것도 잘 알고 있지만 그래도 우리 부부는 큰아이에게 미리 공부를 시키지는 않는다. 아이가 다른 친구들보다 늦게 따라가더라도, 그래서 선생님한테 뒤처지는 취급을 받더라도, 우리 식구들만큼은 아이의 성장과 배움의 기쁨을 한껏 격려하는 방식으로 공백을 채우고 있다고 믿기 때문이다.

가만히 두고 보니 큰아이는 공부는 그럭저럭 뒤쫓아 가고, 친구들을 두루두루 잘 사귀었다. 공부를 그럭저럭 '뒤쫓아' 가다 보니 어려워하는 부분도 많았는데 특히 구구단을 외울 때 쩔쩔 맸다. 집에서 특별히 시키지도 않았는데, 못 외우면 학교에 남아서 외워야 한다는 선생님 말을 듣고는 그때부터 알아서 열심히 외우기 시작했다. 식구들은 유쾌하게 지켜보았다. 집에 구구단 리듬이 울려 퍼지니 그것도 썩 듣기 좋았다. 결국 반 아이들 중에 마지막까지 남아서 겨우 한 번 외우고 상황을 모면한 큰아이는 지금도 구구단을 잘 못 외운다.

이런 교육 방식을 선택하면서 '어쩌면 나중에 부모를 원망할지도 몰라, 그래도 어쩔 수 없어' 하는 각오도 했다. 나중에 "왜 다른 부모들처럼 때에 맞게 선행학습 시켜주지 않았냐! 힘들다!" 할지도 모른다. 어느 날 저녁밥을 먹는데 아이가 이런 말을 했다. "엄마, 요즘 직업을 구하기가 힘들다지?" 다소 힘이 빠진 말투의 끝부분이 분위기에 제법 잘 어울려서 "그런 걱정은 나중에 하고 밥이나 먹어" 하며 웃었더니 "나중에 나 엉망으로 살게 되면 엄마가 책임질 거야?" 따진다. 오호, 이 녀석 봐라. 내가 왜 네 인생을 책임지느냐 어쩌고저쩌고 아이에게 반항하다가 회심의 미소를 지으며 말했다. "그래, 좋아! 네 인생 다 책임질 테니까 이제부터 엄마가 시키는 대로 할래?" 했더니 '시키는 대로'라는 말에 기가 질렸던지 "아니! 내가 왜!" 하고 단번에 거절했다.

인간으로서의 교사, 인간으로서의 부모

새 학기면 다른 엄마들처럼 역시 나도 아이의 담임선생님이 누구일까 궁금하다. 학교에서도 부모들의 이런 관심에 대한 고민이 깊었던지 그간 큰아이의 담임선생님들은 학년 초에 '한 해 동안 아이들을 맡은 저는 교육관이 이렇습니다. 그러니 저를 믿고 도와주세요. 이렇게 도와주시면 됩니다'라고 정성을 담은 편지를 보내왔다. 소통하려고 애쓰는 것이 느껴지고 학부모로서도 잘 돕고 싶은 마음이 들어서 아이 편에 보낸 사전 상담지를 정성스럽게 답해 보내기도 했다.

사실 이런 구체적 정보보다 내가 더 의지하고 있는 것은 선생님이 누구든 '직업을 훌륭히 수행하려는 의지를 지닌, 삶의 품위를 지키려고 하는 분일 거라는 믿음'이다. 누구든 자기 삶을 잘 살아보려고 애쓰게 마련이니까. 그렇다고 '선생님'을 늘 옳은 편에 두지도 않는다. 부모 역할을 해보니 나도 엄청 실수를 하고 있기 때문이다. 아이에게 소리 지르고, 내 실수인데 아이에게 덮어씌우고, 힘들고 지친 날은 더 화가 나서 일관성 없이 야단치고. 선생님도 마찬가지겠지. 그러니 '인간으로서의 선생님'으로 대하는 거다. 학교에서의 일과를 이야기하며 아이가 선생님에 대해서 투덜거리면 맞장구칠 때도 있다. 어른이지만 모든 결정이 다 합리적일 수는 없다는 것을 인정하는 방식이라고 생각해서다. 그러나 선생님이나 학교가 정말로 불합리하다고 생각하는 경우엔 "선생님한테 말씀드려봐" 제안하거나 "엄마가 도와줬으면 좋겠니?" 묻기도 한다. 그때그때 아이의 대답은 다르다. "괜찮아. 알아서 할게"라던가 "엄마가 좀 도와줘" 하고.

3학년이 된 아이는 담임선생님을 좋아한다. 필요하지 않을 땐 굳이 숙제를 내주시지 않으신다고. 아이 스스로의 판단이다. 아이의 다른 반 친구는 첫날부터 울상이 되어 집에 왔다고 한다. 울먹이면서 "엄마, 왜 나는 만날 무서운 선생님만 걸리는 거야" 하더란다. 그 엄마는 "큰형은 4학년 때 북채로 때리는 선생님도 잘 버텼다! 생각보다 무섭지 않은 선생님일 수도 있어. 괜찮아!"라고 말해줬다면서 아이와 선생님을 더 믿고 기다리겠다고 했다.

삶을 살아가는 방식은 다양하다. 그 다양한 방식은 각자가 인생에서 무엇을 가장 중요한 가치로 두고 살아가느냐에 따라 달라지겠지. 아이는 자기 인생을 자기답게 살아갈 것이다. 나는 아이 가까운 곳에 있으면서 도울 수 있는 것을 기꺼이 도울 뿐이다. 아이의 삶에 관여하기보다는 내게 주어진 내 삶을 어떻게 잘 살아갈 것인가, 사실 그것이 더 궁리하는 부분이다. 내가 살고 있는 이 공동체를 조금 더 멀리 내다보고 바람직한 방향을 향해 가고 있는지 살피는 것이, 여섯 살 된 둘째 녀석이 학교에 들어갔을 때도 더 바람직한 토양을 마련하는 데 도움이 되지 않을까.

올해부터 초등학교 1, 2학년 교과과정이 전보다 더 쉽게 바뀌었다. 3학년이 된 아들은 그 이야기를 전해 듣더니 입이 나왔다. 그래서 말해주었다. "너희가 학교 공부가 어렵다고 계속 말해서, 밑에 동생들이 적당한 수준의 교과서로 공부할 수 있게 된 거라고 생각하지 않아?" 그래서 아이에게 어려우면 어렵다고, 좋은 것은 좋다고 솔직히 표현하라고 한다. 자기의 평균치를 믿으라고. 그렇게 자기 문제를 스스로 해결해가는 능력을 키워갔으면 좋겠다. 그게 내가 생각하는 중요한 학부모의 역할이다. 무엇보다 '학부모'로서 할 수 있는 한 교사와 아이를 응원하고 싶다. 학교라는 공간에서 새로운 관계를 맺어가는 그들의 노력이 결실을 잘 맺도록 돕고 싶다. 아이들의 학교생활이 한껏 즐겁기를 바라는 학부모이기 전에 '사회구성원'으로서 말이다.

(vol. 110, 2017. 3-4)

'적당한 엄마' 되기의 어려움

다 엄마 때문이라구!

한참 식사 준비를 하고 있는데, 나를 향해 맹비난이 쏟아졌다. 시작은 초등학교 1학년 막내 녀석이었다.

"받아쓰기 20점 맞았어. 엄마 때문에 내가 얼마나 창피했는지 알아?"

"왜 선생님이 갑자기 시험을 보셨다니?"

살짝 아이와 눈을 맞춘 뒤 알림장이 들어 있는 가방을 원망스

안순아 _ 사교육걱정없는세상 부설 노워리상담넷 부소장. 23년째 영유아 상담, 코칭, 청소년 상담 일을 하고 있다. 이제 스무 살이 넘은 딸아이와 10살 터울의 늦둥이 아들을 둔 엄마이다.

런 눈으로 바라보았다.

"애 알림장 좀 똑바로 봐주지. 망신스러웠겠다."

남편은 한술 더 뜬다.

"내가 알림장에 있다고 몇 번을 말했는데…. 갑자기 시험 본 거 아니란 말이야!"

아이는 볼멘소리로 곧 울음이 터질 기세다.

"그랬어? 그럼 네가 공부 좀 하지."

오이를 무치며 식초를 넣을까 말까 잠시 고민을 하고 있는데 막내가 확인사살 하듯 가방에서 받아쓰기 공책을 꺼내든다.

"이거 봐, 이거. 20점이 뭐야. 내가 얼마나 당황했는지 알아?"

내가 야단을 쳐야 하는 거 같은데 오히려 아이가 큰소리를 친다. 순전히 엄마가 준비를 안 시켜주었기 때문이니 자기는 당당하다는 뜻이다.

"엄마! 실내화도 바꿔 달라고 몇 번이나 말했어? 여기가 다 찢어졌다고. 계란판 가져가는 것도 금요일까지였는데…."

아주 날을 잡았다. 20점을 커버하려고 내 잘못이라고 생각되는 모든 것들을 다 끄집어낸다.

애 아빠는 한심스런 눈으로 나를 바라보고, 아이는 퉁퉁 부은 채 계속 원망 섞인 표정이다.

"아무리 바빠도 애 좀 신경 쓰면 안 되냐? 남의 자식 잘 키우겠다 하지 말고 제 자식부터 좀 챙겨."

자식은 나 혼자 챙기느냐고 쏘아붙이고 싶었지만 겨우 참으며 온화한 눈빛으로 오이 무침을 식탁에 올려놓았다. 미안한 마음은 전혀 없었지만 화목한 저녁식사 시간을 지키고자 아이 앞으로 좋아하는 화로구이 고기를 들이미는데, 이때 큰딸이 방문을 열고 나왔다.

"뭐야? 너!"

다리 굵기만 다르지 전체적으로 성보라(〈응답하라1998〉에 등장하는 까칠한 첫째 딸)와 이미지가 비슷한, 약간 무서운 내 자식이기도 하다.

"야, 너 어디 엄마한테 투정이야? 그리고, 아빠도 가만히 식탁에 앉아서 엄마한테 그렇게 말하는 거 아냐."

속으로 쾌재를 부르며 응원을 하고 있는데 큰아이는 계속 침을 튀기며 동생을 쥐 잡듯 잡았다.

"너, 엄마가 받아쓰기 볼 때마다 점수 물어보면서 왜 틀렸냐고 야단치는 게 좋아?"

"아니."

"엄마가 물건 못 챙긴다고 화내면서 너 보고 잃어버린 거 당장 찾아오라고 하면 좋겠어?"

"아니."

"그럼, 네가 스스로 해. 이게 다 엄마 작전이야. 엄마가 무심한 것처럼 해도 네 스스로 도를 깨닫게 하려는 거라고. 이 단계에서 조금 더 지나고 나면 살 길을 <u>스스로</u> 찾아야겠다는 생각이 들기 시작할 거야. '내가 엄마를 믿어서는 이 험한 세상을 살 수 없겠구나…' 이런 생각이 들면서 인생에 위협을 느끼게 될 거거든. 그리고 엄마가 알았다고 고개를 끄덕여도 다시 한 번 가방을 확인해보는 습관을 가져. 왜? 엉뚱한 것을 챙겨 넣는 일이 태반일 테니까. 괜히 계란판 챙겨준다면서 서른 개짜리 사오고, 실내화는 사이즈 안 맞는 것 사와서 네가 도로 가서 바꿔야 하는 상황이 돼. 그냥 처음부터 네가 알아서 해. 알았지?"

듣다 보니 뭔가 이상하다

"누나 말 명심해. 네가 살려면 엄마한테 기대지 말고 정신 똑바로 차려. 정 급할 때만 엄마한테 가끔 물어봐. 그냥 급할 때가 아니라 '정' 급할 때다. 엄마도 그 정도를 외면할 사람은 아니야."

동생을 향하던 큰애의 훈계는 곧 제 아빠에게로 이어진다.

"아빠도 잘 생각해봐. 엄마가 주말이면 어디 못 나가게 하고 퇴근시간 맞춰 빨리 오라고 독촉하고 돈 어디다 썼냐고 매번 카드 검사하고 그러면 좋겠어? 뭐 필요할 때마다 아빠 불러대고."

애 아빠는 나 때문인지 큰애 때문인지, 얼떨결에 고개를 절레절레 흔들며 이 상황을 모면하고 싶은 눈치다.

"전등도 혼자 갈고, 자동차 체인도 알아서 채우고… 이런 남자

혼치 않아."

"엄마, 여자거든?"

막내가 얼른 누나의 말실수를 잡아내자 큰아이가 쏘아붙인
다.

"니가 뭘 알아. 은유법이야!"

"아빠는 나보다 더 오랜 시간 엄마랑 지냈으면서 아직도 엄마
가 포기가 안 되냐…. 엄마는 일 없으면 안 되는 사람이야. 남들은
다 힘들다고 지쳐 떨어져도 엄마는 저렇게 풀다 와야 더 좋은 에
너지를 낼 수 있는 사람이라고. 지금 엄마 속이 부글부글 끓어도
참을 수 있는 모든 이유도 밖에서 쓰고 온 에너지 때문이야. 그러
니 엄마에게 현모양처를 바라면 안 돼. 열정 넘치는 사람이 현모
양처에 꽂히기라도 하면 우린 다 말라 죽을 거야."

듣다 보니 뭔가 이상하다. 칭찬인 듯 아닌 듯, 비난인 듯 아닌
듯.

"너 지금 나를 디스하는 게냐?"

부아가 치밀어 올라 두부를 부치느라 뒤집개를 쥔 손에 힘이
들어갔다. 뒤집개가 부침류만 뒤집으라고 있는 게 아닐 거다.

"아니? 나 정말 엄마 편드는 건데? 내가 좀 커보고 나니 적당
한 엄마가 끼친 영향이 굉장히 크더라고."

"적당한 엄마?"

"응. 적당한 엄마. 많이 묻지도 않고, 공부로 숨통을 죄는 것도

아니고, 내가 물어보면 성의껏 답해주고, 그렇다고 나에게만 집중한다는 생각도 안 들게 하고. 그냥 엄마랑 이야기하면 많이 웃기고 좋아. 그 이상 좋은 엄마가 있을 수 있어? 내숭 떠는 엄마가 아니라 이야기하고 싶은 엄마라니까. 난 그게 적당한 엄마로서 최고라고 생각하는데?"

"내숭 떠는 엄마는 또 뭐야?"

"왜, 있잖아. 이건 이래야 하고, 저건 저래야 하고… 엄만 이런 예의 자체가 별로 없잖아. 곤란한 질문을 해도 항상 직접적으로 설명해서 사람 당황하게 만들고. 어쨌든 인간적으로 재밌는 사람이라고 생각해. 존경까지는 바라지 마세요."

"적당한 엄마가 좋아졌어"

적당한 엄마라…. 살다 살다 이런 소리는 또 처음 들어본다.

친구로 두기엔 좀 까칠하고, 자식으로 두기엔 좀 무서운… 야자하고 저녁 늦게 들어와 이야기 나누면 반가운 정도. 요즘 큰딸과 나의 관계다. 그런 아이는 알까. '적당한 엄마' 되기가 얼마나 힘든지.

"아이가 행복하게 살길 바랄 뿐이야"라고 욕심 없이 말하던 엄마들도 연령이 올라가면서 자식의 '공부' 앞에선 흔들리는 촛불이 될 때가 많다. 수시로 욕망을 더 부풀리려는 음모가 나도 모르게 내 속에서 마구 튀어나와도 이를 사랑으로 착각하며 아이를 다그치게 된다. 자식을 향한 부모의 사랑이 '무조건적'인 거라 말하기 창피해질 때가 바로 이런 욕망들이 스멀스멀 올라올 때다. 명품백이 무슨 필요냐며 평소 검소한 삶을 강조하던 이들도 '자식' 만큼은 누구보다 잘 키워낸 부모 대열에 들고 싶어 한다. 알고 보면 그 성공 기준이 실은 '모두가 바라는 명품백'과 다를 바 없는데 말이다.

정말 부모가 자식에게 주는 사랑은 헌신적이기만 할까? 욕심에 부푼 자신의 의지와 경험으로 자식의 삶을 디자인하고 계획하려는 것 자체가 모순 아닐까? 한 인간이 성장하고 발달하는 데 부모의 역할은 말할 나위 없이 중요하지만 그동안 드물게 만나본, 무조건적인 사랑을 주는 부모들에게선 '자기 삶을 다하는 데'서 은은한 빛이 비추어져 나왔다. 무엇을 만들어주고, 무엇을 알아보고, 무엇을 제도하는 길이 아니라 아주 사소한, 기대하지 않고 보답 받지 않으려는 사랑에서 나오는 강하고 정직한 힘이었다.

부모로서 '기다린다는 것'은 얼마나 참기 힘든 일인지. 말 한마디라도 꺼낼라치면 생색이 될까 두렵다. 어정쩡하게 따라가며 흉내만 내는 것이라면 큰소리치는 것도 어렵지 않지만, 정말 내 것으로 만들고 나를 변화시키려는 과정에서는 어느 것 하나 쉽게 나오는 말들이 없다. 모든 상황을 견고히, 담담히 받아들여 나를 먼저 세워야만 할 수 있는 그런 말들이다.

오랜 시간 엄마란 이름의 에너지를 고갈시켰던 대부분의 힘든 일은 '기다려주는 것'이었고 그 어려움은 지금도 계속되고 있다. 처음부터 그러한 능력을 가졌던 사람인 마냥 태평한 얼굴을 하고 기다리는 것이 얼마나 힘든 수련인지 아이들이 크면 클수록 뼛속 깊이 느낀다. 참지 않고 기다리기만 했다는 것은 다 거짓이다. 하루에도 불같이 얼음같이 마음속에서 요동치며 쥐불놀이했던 일들은 그 누구도 알 길이 없을 것이다.

긴 흔들림 끝에 작은 깨달음도 있다. 강황 갈아 먹이고, 스테이크에 초록색 깔아 먹인다고 좋은 엄마 되는 건 아닌 거 같다. 인스턴트 3분 카레로도 '적당한 엄마'가 될 수 있지 않을까.

평소 누나를 무서워하는 막내는 엄마에 대한 일장연설을 쭉 듣더니, 이내 순한 눈빛을 띠고 말한다.

"나도 '적당한 엄마'가 좋아졌어."

(vol. 103, 2016. 1-2)

흔들리며 채워가는 부모의 자리

어린이집이라는 완벽한 시나리오

육아에 지칠 때면 아이를 어린이집에 보내는 상상을 했다. 오전 9시, 아이를 데려다주고 혼자 돌아오는 길, 머리도 안 감고 얼굴도 푸석하면 어때. 이제 나만의 시간이야! 아침해가 잘 드는 거실 소파에 앉아 책을 몇 권씩 쌓아두고 뒤적거려야지. 음악도 들어야지. 소박한 밥상을 차려 천천히 먹어야지. 미뤄두기만 했던 대학원 진학을 할까, 쓰고 싶은 주제의 글을 집중해서 써볼까, 상

이슬기 _ 자신에게, 세상에 던지고 싶은 질문이 많지만, 지금은 마음속에 보글보글 차오르는 것들을 토닥이며 두 돌 지난 딸의 살내음을 맡는 시간을 보내고 있다.

상하면 할수록 스케일은 커졌고 마음이 설레었다.

그러나 아이의 두 돌이 다가오며 어린이집에 보낼 상상을 구체화할수록 상상은 걱정으로 변해갔다. 때때로 뉴스를 장식하는 어린이집 사고, 교사의 낮은 처우, 분절화되고 인지교육에 편향된 교육과정, 부실한 식단… 그런 현실 속으로 아이를 밀어넣을 생각을 하니 두려워졌다.

내가 생각한 조건은 단순했다. '자연에서 바깥놀이를 매일 충분히 할 수 있었으면 좋겠다. 인지교육을 하지 않았으면 좋겠다.' 바깥놀이를 하며 몸이 더 튼튼해지고, 자연의 아름다움에 감응할 수 있었으면 좋겠고, 구조화되지 않은 놀이를 통해 호기심과 상상력, 창의성을 제한받지 않았으면 했다. 발달단계에 맞지 않는 인지교육으로 혼란과 불안, 스트레스를 주고 싶지도 않았다.

대안을 찾아서

아이를 낳기 전에 자연주의 출산 관련 카페에 가입했다. 자연주의 출산을 하면 편안하고 자연스러운 분위기에서 아이를 맞이할 수 있지 않을까 싶었다. 굴욕 3종 세트(관장, 내진, 제모)를 경험하지 않을 수 있다는 것도 매력적으로 느껴졌다. 하지만 아이를 조산하게 되면서 병원 신세를 진 나는 부러움과 시기심 어린 마음으로 이 카페를 탈퇴했다.

자연주의 출산 카페를 들락거리며 자연주의 출산을 한 엄마들의 일정한 흐름을 알게 되었다. 유기농 음식과 생태적인 환경을 선호하고, 발도르프어린이집이나 공동육아어린이집에 보내며, 초등 입학이 다가오면 대안학교나 혁신학교를 고민했다. 모두 그런 건 아니겠지만 대체로 흐름이 그랬다.

'공동육아어린이집은 어떨까?' 내 주위에도 공동육아어린이집에 아이를 보내는 이들이 있었다. 공동육아어린이집은 바깥놀이를 매일 나가고 인지교육을 거의 하지 않는다. 산에서 매일 바짓단과 무릎이 새카매질 때까지 뛰노는 아이, 생각만 해도 흐뭇했다. 그러나 망설여지는 것들이 있었다. 경제적 부담과 부모의 시간적 부담이 크다. 어린이집 청소에 각종 소위원회 활동, 방모임에 일일교사에 김장까지. 내가 다 감당할 수 있을까.

망설여지는 것을 넘어 두려운 것들도 있었다. 나와 남편은 그동안 작은 교회, 시민단체, 시골 혁신학교 등에서 공동체운동을 경험했다. 얼마나 많은 좌충우돌이 있을 것인지, 얼마나 많은 말을 하고 들으며 가슴이 벅찼다가 진절머리 났다가를 반복할 것인지, 얼마나 '우리는 특별하다'라는 우월감과 싸워야 할 것인지, 머리가 지끈거리기 시작했다. 이런 나는 도무지 공동체에 맞지 않는 사람인가 좌절하려다 질문을 바꿔보았다. 하루에 몇 시간이나마 신뢰할 만한 전문가에게 아이를 맡기는 게 꼭 나쁜 건 아니지 않나.

'그렇다면 발도르프는?' 발도르프어린이집 공간은 아름다웠다. 원목가구와 따뜻한 느낌의 벽지, 나무토막과 솔방울, 털실로 만든 끈 등이 가지런히 정리된 수납장, 계절의 변화가 느껴지는 식탁…. 아이들은 플라스틱 장난감이 아닌 상상력을 북돋는 자연물 장난감을 가지고 놀고, 매일 숲으로 산책을 간다.

　그러나 내가 동의했던 인지교육과 바깥놀이를 넘어 발도르프교육에는 명확한 철학적 기초가 존재했다. 이것이 외려 문외한인 내게는 자연주의를 넘어 유사종교처럼 느껴졌다. 발도르프교육의 철학적 기초인 '인지학'이 다루는 내용이 그랬고, 발도르프 이론을 적용하는 데 타협의 여지가 없어 보이는 태도가 그랬다. 20세기 초에 루돌프 슈타이너가 전한 가르침이 변화 없이 전수되고 있고, 다른 학자들에 의해 논의가 풍성해진 측면이나 한국 현실에 맞춰 비판적 적용이나 창조적 변형을 시도한 흔적이 잘 보이지 않았다.

　『발도르프 육아 예술』을 읽으며 나는 내내 혼나는 기분이었다. 마트나 백화점은 너무 크고 자극적이라 안 돼, 문화센터는 음악이 시끄러워서 안 돼, 어른들 가는 카페는 공기가 나쁘니 안 돼. 자극적인 환경을 지양하고 아이의 보호막 형성에 주력해야 한다는 취지에서 나온 말일 게다. 그러나 '하지 말아야 할 것들' 리스트가 차곡차곡 쌓이는 동안, 옴짝달싹 못하는 엄마의 괴로움도 죄책감도 커질 것이다. 2020년의 서울 한복판에서 발도르프교육을 실천하는 일은 이렇게 어려운 것인가. 이렇게 어려워야 하나.

돌고 돌아 일반 어린이집으로

육아의 나날이 쌓일수록, 아이를 키우는 일은 지금 시대에 어울리지 않는다는 생각이 든다. 아이는 부모가 자유로운 개인으로 존재할 수 있는 시간을 앗아간다. 아이를 키우면서 온전히 자기 일에 몰두하기는 힘들다. 노동자로서 가장 큰 핸디캡을 떠안는 셈이다. 그래서 아이를 키우는 일은 지금껏 살아온 당연한 삶의 방식을 의심하고 다시 바라보게 만든다. 다른 세상과 다른 삶의 방식이 있다는 걸 가르친다. 덕분에 나는 아이와 산책하며 낙엽을 줍는 무용한 시간을 정말 사랑하게 됐다.

그러나 자본주의 시대에 대한 반감이 육아와 모성애에 대한 찬양으로 이어지는 건 타당할까. 육아가 끊임없이 책을 보거나 강의를 듣고 정신을 수양해야 하는 것이라면. 주어진 환경을 끊임없이 검열하고, 거기서 벗어나기 위해 애쓰고, 그렇지 못할 때 죄책감을 가져야 하는 것이라면. 엄마로서 살아가는 일에 자신의 에너지를 모두 써야 한다면. 그렇게 살아가는 삶이 엄마니까 가능하고, 가능해야 한다면.

자극적인 장난감, 위험한 먹거리, 획일적인 교육, 시끄러운 환경을 지양하고 싶지만, 이를 차단하는 데는 너무 많은 에너지가

든다. 결국 내 선택은 육아를 위해 너무 많은 것을 포기하고 싶지는 않다는 거였다. 적어도 아이를 재운 후 소설책 읽을 마음의 공간 정도는 남겨두고 싶다. 그래서 집에서는 유기농 위주로 먹이지만 외식도 언제나 환영이고, 장난감을 잘 사지 않지만 할아버지가 마트에서 화려한 장난감을 사와도 그러려니 한다. 여러 해 가정보육에 전념하는 이들과 나를 비교하며 죄책감에 젖지 않는다. 아이는 결국 시대의 한계 속에서 사고하고 생활하게 될 것이고, 이는 부정적으로만 볼 일이 아니라고 자위하며.

'너무 어렵게 생각하지 말고, 너무 어렵게 가지 말자.' 이 소박한 원칙은 엄마의 정체성이 나를 압도하지 않도록 하기 위한 적절한 거리두기다. 육아는 자연스러운 일이고, 나는 '충분히 좋은 엄마'(도널드 위니컷)라는 믿음, 내 아이만이 아닌 내 아이가 속한 세상을 바라보겠다는 다짐 같은 것이다.

고민 끝에 결국 아이를 일반 어린이집에 보내기로 했지만 걱정과 불안에서 자유롭진 못하다. 초보엄마는 계속 흔들릴 것이다. 그래도 두 가지는 믿기로 했다. 부족해 보이는 환경일지라도 아이는 또래로부터 배울 것이고, 나는 아이와 떨어진 시간으로부터 배울 것이다. 며칠 전 집 근처 가정형 어린이집에서 3월 입소 확정 연락을 받았다. 육아의 새로운 시즌이 시작되려나 보다.

(vol. 127, 2020. 1-2)

아이 키우기, 아이와 함께 살기

그날, 인생이 바뀌었다

나는 쌍둥이 남매의 엄마다. 올해 초등학교 5학년이 된 아이들은 사춘기 초입에 들어섰다. 원래도 말을 안 들었는데 머리까지 굵어졌으니 오죽하랴. 매일 아이들과 전쟁을 치르며 하루하루 시끌벅적하게 살아가고 있다.

쌍둥이를 임신하고도 일 욕심을 부렸다. 기저귀 값, 분유 값도 두 배로 들 테고 출산 후에는 일정 기간 육아휴직을 할 수밖에 없

류승연 _ 전직 정치부 기자, 현직 작가. 발달장애인 아들과 비장애인 딸을 키우는 쌍둥이 엄마이다. 쓴 책으로 『사양합니다, 동네 바보 형이라는 말』 『다르지만 다르지 않습니다』 『배려의 말들』이 있다.

으니 일할 수 있을 때 한 달치 월급이라도 더 벌어둬야지 했다. 임신 8개월까지 일하고 휴직할 계획이었다. 9개월에 육아서적을 읽으며 유유자적 출산일을 기다리면 한 방에 두 명, 그것도 아들 딸 남매가 태어날 것이다. 천사 같은 아이들을 쌍둥이 유아차에 태워 나가면 사람들은 "어머, 남매둥이인가 봐요"라며 부러워하 겠지, 나는 핑크빛 미래를 꿈꾸며 씨익 웃곤 했다.

임신 7개월에 막 들어선 임신 28주 5일째 되던 그날, 내 인생 이 바뀐 날이었다. 자정 넘어 양수가 터졌다. 구급차를 타고 가면 서도 상황의 심각성을 인식하지 못했다. 직장상사에게 전화해 내 일 해야 할 일을 후배들에게 어떻게 배분할지 의논했다.

그리고 출산. 양수가 터지고 진통이 올 때 힘을 주자 딸아이가 곧바로 세상에 나왔다. "응애!" 우렁차게 우는 소리를 들으며 안 도감이 들었다. '잠깐만, 1분만 쉬었다 다시 힘을 주자.' 1분 정도 지나 두 번째 타자, 아들이 세상에 나올 차례였다. 젖 먹던 힘까지 쥐어짜도 아까만큼 힘이 들어가지 않았다. 중간에 힘을 빼서는 안 됐다. 그걸 몰랐다. 힘을 주는데 '절정의 힘'은 나오질 않고 무 심한 시간은 똑딱똑딱 흐르기만 했다.

이대로 가다간 아이가 위험해질 수 있다는 의사의 말에 수술 을 결정했다. 분만실에서 수술실로 다급하게 옮겨진 후 애원했 다. 마지막으로 한 번만 더 힘을 줘보겠다고. 으으으으윽~. 양수 가 터지며 아들이 세상에 모습을 드러냈다. 그런데 딸과 달리 아무런 소리가 들리지 않았다. 숨막힐 듯한 정적. 이어지는 의료진의 다급한 발소리. 억겁의 시간 같던 한순간이 지난 후 한숨 같은 갓난아기의 가느다란 목소리가 들렸다. "에~."

"응애!"라고 울지 못한 아들은 "에~"라는 한숨을 뱉어내며 겨우 살아났다. 그리고 출산 과정에서 뇌출혈 등 뇌손상을 입어 지적장애를 갖게 되었다.

발달장애 아이의 엄마

엄마라는 역할도 처음인데 그것도 쌍둥이 엄마라니, 죽을 것 같았다. 왼손으로 아들 머리를 받치고 왼쪽 젖을 먹이면서 오른손으로는 유축기를 들고 오른쪽 젖을 짰다. 그 와중에 울어대는 딸을 달래기 위해 발로는 아기가 누워 있는 침대를 흔들흔들 밀었다. 발로 걷는 것 말고도 여러 가지 일을 할 수 있다는 걸 쌍둥이를 키우며 처음 알았다. 쌍둥이 육아만으로도 힘든데 한 아이는 발달장애인이다.

딸은 그래도 키울 만했다. 모르는 것은 친구들에게 묻기도 했고 친정엄마나 시어머니도 자식을 키워본 경험을 보태주셔서 어찌어찌 키워나갔다. 아들은 말 그대로 모든 게 낯설었다. 왜 이 아이는 딸랑이에 관심을 안 보일까. 왜 이 아이는 눈을 맞추지 않을까. 왜 이 아이는 기지도, 앉지도, 걷지도 않을까. 왜 이 아이는 모방 행동을 하지 않을까. 왜 이 아이는 말을 하지 않을까. 왜 이 아이는 머리를 박고 자해를 할까. 왜 이 아이는… 왜, 도대체 왜?

장애 확진은 다섯 살 무렵에 받았지만 발달이 느렸기 때문에 생후 13개월부터 아들은 치료실에 다녔다. 언어치료, 작업치료, 감각통합치료, 물리치료, 음악치료, 놀이치료, 심리치료, 특수체육, 심리운동. 기저귀도 못 뗀 아이를 데리고 이 병원에서 저 병원으로, 이 센터에서 저 센터로 치료실을 쫓아다녔다. 기지도 못하고 앉지도 못하는 아들을 치료실에 밀어 넣으면 아들은 자지러지게 울었다. 30~40분의 치료 내내 울다가 목이 쉰 채로 나왔다. 치료가 끝나면 얼른 아이를 품에 안고 젖을 물렸다. 아이는 울면서 젖을 먹다 지쳐 잠이 들었고, 나는 그런 아들을 보며 울다가 조금 후엔 또 다른 치료실에 밀어넣었다.

둘이 벌어 둘이 쓰다 혼자 벌어 넷이 쓰는 상황에 아들 치료비 부담까지 커지니 금방 가정경제가 휘청거렸지만, 돈이 문제가 아니었다. 얼마가 들어도 좋으니 어서 빨리 좋아져 쌍둥이 누나를 따라잡길 바랐다. 결혼예물도 팔고 다이아몬드 반지도 팔았다. 은행 빚도 생겼다. 내가 아들 치료에 매진할 동안 시댁에 맡겨진 딸은 혼자 커야 했다. 밤에 집으로 돌아와서도 엄마의 살가운 보살핌을 못 받았다. 한참 어리광을 부릴 네댓 살 나이에도 혼자 밥 먹고, 혼자 옷을 입으며 딸은 아들의 밥을 먹여주고 아들의 옷을 입혀주는 내 등만 바라봐야 했다. 남편도 마찬가지였다. 이 시기,

남편에겐 아내가 없었다. 아들의 엄마만 있었을 뿐.

딸과 남편도 힘들었지만 더 힘든 건 나였다. 한순간도 아들에게서 눈을 뗄 수 없었다. 남들은 출산 후 몇 년이면 끝날 갓난아기 뒷바라지를 나는 평생 해야 할 것 같았다. 수시로 울고 매일 죽음을 생각했다. 그렇게 오랜 시간을 '장애도'에 갇혀 살았다. 실재하진 않지만 실존하는 섬 '장애도'. 세상에 존재하는 것이라곤 장애가 있는 아들과 장애인 아들을 돌보는 나뿐인, 우리만의 단절된 세상. 그곳에서 나는 하루하루를 열심히 살았지만 그럴수록 절망은 더 깊어만 갔다.

엄마로서의 삶, 나로서의 삶

아들은 여섯 살 때부터 유치원에 갔다. 특수학급이 있는 병설 유치원이었다. 출산 이후 처음으로 오전에 장장 '세 시간'이라는 자유시간이 주어졌다. 그제야 숨을 쉴 것 같았다. 집안일도 할 수 있었고, 마음 편히 장도 볼 수 있었다. 심지어 친구를 만날 수도 있었다.

절망의 끝까지 내려갈 만큼 내려가 봐서일까. 다시 살고 싶어졌다. 살아야 했다. 소소하지만 소중한, 내 삶을 하나씩 찾아나서기 시작했다. 운동도 하고, 상담도 받았다. 딸의 엄마로선 당연히 할 수 있는 일인데 아들의 엄마로선 죄책감이 일었다. 장애를 가진 아들을 두고 나 자신을 위해 시간을 쓴다는 게 생각만으로도 미안했다. 해선 안 될 일 같았다.

그럼에도 살기 위해, 내 행복을 찾아가는 여정을 시작했다. 불쑥불쑥 솟아오르는 죄책감에 흔들리기도 하면서 그렇게 내 삶을 찾고자 했다. 사실 내 삶이라고 해봐야 거창한 무엇은 아니었다. 그저 아들이 유치원에 가 있는 동안, 아들이 잠자고 있는 동안 글을 쓰기 시작한 것뿐이다. 원래 글 쓰던 사람이었으니 다시 그 일을 하는 것만으로도 살아있는 기분을 느꼈다. 그렇게 글을 쓰며 세상과 소통하기 시작했다. 글로서 아들의 장애를 세상에 알리고 발달장애에 대한 세상의 오해를 풀어가기 위해 노력했다. 아들을 위해 글을 쓰지만, 글을 쓰는 그 시간은 아들과 분리되는 시간이었다. '엄마'가 아닌 '나'로서, '류승연'이라는 내 이름으로 사는 시간이었다.

자식과 부모가 정신적으로 분리되는 건 매우 중요한 일이었다. 인간이라면 누구나 당연히 거치는 과정인데 그동안의 나는 '자식이 발달장애인'이라는 슬픔에 매몰돼 그 당연한 과정을 두려워하고 있었다. '엄마'가 아닌 '나'로서도 살기 시작하면서 비로소 그 과정에 진입할 수 있었다. 아들과 정신적으로 분리되기 시작하자 다른 것들이 보이기 시작했다. 자신을 희생하며 아들을 잘 키우려 했던 내가 오히려 아들을 포함해 가족 모두의 삶을 망치고 있었음을 깨달은 것이다.

정상과 비정상의 경계

열두 살이 된 아들은 친구를 좋아하고 장난치는 걸 즐긴다. 야채는 싫어하고 고기를 좋아한다. 과자라면 배가 불러도 먹고 또 먹는다. 책상 앞에 앉아 공부하는 것보단 밖에 나가 노는 게 좋고, 그중에서도 물놀이 할 수 있는 수영장을 가장 좋아한다. 좋아하는 이성친구도 생겼다. 하교 종이 울리자 좋아하는 그녀의 가방을 들고 기다렸던 일화는 학교에서도 유명하다. 엄마 짐은 안 들어주는 녀석이 여자친구 가방을 들고 기다렸다니 허허허 웃음만 난다.

키워보니 똑같다. 함께 살아보니 똑같다. 비장애인인 딸과 발달장애인 아들은 똑같은 열두 살의 시기를 지나고 있다. 딸이 겪는 과정 그대로를 아들도 똑같이 겪으며 매일 조금씩 성장하고 있다. 물론 다른 점도 있다. 딸이 유튜브로 '허팝'이나 '도티', '흔한 남매'를 시청할 때 아들은 '뽀로로'나 '코코몽'을 찾아서 본다. 딸이 조리 있는 말로 조목조목 엄마에게 반박할 때 아들은 행동과 표정으로 자신의 마음을 전달한다. 둘은 다르지만 똑같은 사춘기 초입, 열두 살의 시기를 지나고 있다.

쌍둥이가 어렸을 땐 이 사실을 몰랐다. 아들과 딸이 다를 것 없는 똑같은 아이들이란 사실을. 설령 알았다 해도 받아들이기 힘들었을 것이다. '다른 점'에만 초점을 맞추니 어떻게든 똑같아지게 하려고 부단히 애썼다. 비장애인 딸을 기준으로 두고, 발달장애인 아들을 정상이 되게 하려고 노력했다. 그런데 정말 비장애인이 그 기준이자 정상이라 할 수 있을까? 아니, 기준이라는 범주는 어디까지이며 정상이라는 것은 무엇을 의미할까?

아들은 아직 말을 못하지만 행동과 표정, 갖가지 외계어로 자신의 의사표현을 확실히 한다. 말할 줄 아는 비장애인인데도 성격이 소심해 자신의 의사를 잘 표현하지 못하는 아이가 있다면 둘 중 '표현'이라는 '기준'에 더 근접한 아이는 누구인가? 열두 살엔 꼭 '도티'와 '흔한 남매'를 좋아해야 하는지도 의문이다. 아들처럼 뽀로로를 좋아하면 비정상이라는 것을 누가 정하는가? 그렇다면 뽀로로를 좋아하는 열두 살 비장애인은 정상인가, 비정상인가?

알고 보니 정상과 비정상의 경계는 내가 만든 허상이었다. 어떤 기준점이라는 것도, 정상이라는 것도 애초에 존재하지 않는 것이었다. 존재하지 않는 것에 매달려 나 자신을 괴롭히고 아들과 가족까지 힘들게 했다. 이것을 알고 나니 아들을 잘 키우려 했던 것도 오만이었음을 알게 됐다. 나는 아들을 잘 키울 필요가 없었다. 아들은 이미 존재 자체로 자신의 최선을 다해 잘 크고 있었다. 아들에게서 보이는 다름은 '장애'가 아니라 단지 '다름'이라는 특성일 뿐이었다.

'발달장애'라는 특성을 인정하지 못하고 아들이 '다른 사람'이 되게 하려 발버둥을 쳤으니, 정작 나는 아들을 위해 희생하는 좋은 엄마로 스스로를 포장했을 뿐 실제로는 자식을 있는 그대로 인정하고 싶지 않은 '나쁜 엄마'에 지나지 않았던 것이다. 내가 잘 키워야 아들이 쌍둥이 누나를 조금이라도 따라잡을 수 있을 거라는 생각부터가 잘못이었다. 나는 아들을 잘 키우면 안 되었다. 나는 다만, 아들과 잘 살아야 했다. 행복하게.

함께 살면 된다

이 사실을 깨닫고 난 후엔 더 이상 아들을 잘 키우려 애쓰지 않는다. 다만 아들과, 아들의 장애와 더불어 행복하게 살 궁리를 하면서 부모로서 자식에게 필요한 지원과 지지만 하려 한다.

얼핏 보면 이전과 달라진 게 없어 보이지만 많은 것이 달라졌다. 일단 내 마음이 달라졌다. 아들을 잘 키우기 위해 발버둥칠 땐 매일 울었지만, 아들과 잘 살기로 마음을 바꾸니 내가 행복해졌고 가족 모두의 행복지수도 올라갔다. 구체적으로는 내 삶을 다시 찾는 데 죄책감을 덜 수 있게 됐고, 아들은 자신을 있는 그대로 인정하는 엄마를 처음으로 만났다. 딸은 동생에게 빼앗겼던 엄마를 되찾았고, 남편 입장에선 아들에게 양보했던 아내가 돌아왔다. 그렇게 우리는 아들이 세상의 중심이었던 가정에서 구성원 모두가 함께 행복하기 위해 노력하는 가족으로 방향을 전환했다.

장애는 나쁜 것이 아니다. 불쌍하고 가련한 것도 아니다. 장애는 그냥 개인의 특성이고 상태일 뿐이다. 예쁜 목소리와 오동통하게 오른 살이 내 '특성'이고, 당뇨가 있는 '상태'로 10년째 잘 살고 있는 것처럼, 아들도 발달장애가 있는 '상태', 그로 인해 나타나는 '특성'을 이해받고 존중받으며 살 수 있으면 좋겠다.

삶은 길고 아들과 함께하는 생은 이제 막 초반을 지났을 뿐이다. 앞으로 어떤 험난한 일들이 닥쳐올지 모른다. 그때마다 나는 또 흔들리겠지만 그래도 이 사실 하나만은 잊지 않으려 한다. 내가 살아가는 이유는 아들을 잘 키우기 위해서가 아니라는 것. 아들과 함께 행복하게 살기 위해서라는 것. 거기서부터 모든 게 시작된다.

(vol. 129, 2020. 5-6)

2부
부모가 된다는 것은

'정치하는엄마들'이 꿈꾸는 세상

나는 비정한 엄마인가

겨울은 유난히 아픈 계절이다. 몇 해 전 일이 생각나서다. 날이 채 밝지도 않은 아침 7시, 곤히 잠든 네 살 아이를 살짝 흔들어 깨웠다. "그만 일어나야지" 하면서도 행여 추울까 이불을 덮어주는 마음이 불편했다. 그래도 그 시간에는 아이를 깨워야 늦지 않게 출근할 수 있다. 생후 20개월부터 기관에 다닌 아이는 한 번도 어린이집에 가지 않겠다는 말로 나를 힘들게 한 적이 없다. 그날도

백운희 _ 초등학생 딸을 둔 엄마. 전직 기자로 다음카카오 스토리펀딩 '그들은 왜 정치하는 엄마들이 되었나' 시리즈에 공동 저자로 참여했다.

그저 졸린 눈을 뜨지 못한 채 "엄마, 조금만 더 자면 안 돼요?"라고 작게 물었을 뿐이다. 그 말에 내 마음은 무너졌다.

아이를 낳고 70일 만에 회사에 복직했던 날도 기습 한파가 매서웠다. 스타킹조차 신지 못한 맨발을 하이힐에 구겨넣고 바쁘게 나선 아침, 출근길에 만난 누군가에게 '비정한 엄마'라는 말을 들었다. "그렇게 어린애를 두고 일하러 나왔다"고 말이다. 조용히 반문했다. "70일 된 아이를 두고 나온 엄마가 비정한가요, 그것을 강요하는 사회가 비정한가요?" 그는 엄연히 법적으로 보장된 육아휴직조차 여전히 많은 이들에겐 '그림의 떡'일 수밖에 없는 현실을 알고 있을까?

우리 사회는 엄마가 아이를 키워야 한다고 말하면서도 정작 키울 시간은 허락하지 않는다. 지난해 보건사회연구원이 발표한 '취업여성의 일·가정 양립 실태와 정책적 함의' 보고서를 보면 2011년 이후 출산한 15~49세 직장인 여성의 41.1퍼센트만 육아휴직을 사용한 것으로 나타났다.[1]

나 역시 출산휴가와 육아휴직을 이어 쓰지 못했다. 당시 남편은 장거리 출퇴근을 하는 데다 야근이 잦았기에 자연히 퇴근 후 독박육아가 이어졌다. 새벽에야 잠이 드는 아이를 재우고 난 뒤

---

[1] 이 가운데에서도 공무원, 국공립 교사 외 정부 투자출연기관 종사자의 육아휴직 사용률이 각각 75%와 66.7%인 반면 일반 회사원은 34.5%에 그쳤다.

꾸벅꾸벅 졸면서 일을 해야 했다. 박쥐엄마, 그게 나였다. 출산 후 업무능력이 떨어졌다는 말을 듣기 싫어서 신을 스타킹이 떨어졌는데도 챙기지 못할 만큼 정신없이 일에 매달렸다. 모두가 그렇게 살아간다고 스스로를 위로했다.

그런데 그날, 조금 더 자고 싶다는 아이의 바람조차 들어주지 못하는 현실을 마주하면서 간신히 잡고 있던 끈을 놓아버리기로 결정했다. 그동안 출산만 권하면서 안전망은 제대로 갖춰놓지 않은 사회에 물음을 던지기보다, 개인적인 불행으로 문제를 돌린 것이다. 그 후 나는 내 이름보다 '누구 엄마'로 불리는 일이 훨씬 더 많아진 '경력단절 여성'이 됐다.

지난해 통계청 조사에 따르면 15세 이상 54세 이하 기혼여성 중 20퍼센트가 경력단절 상태에 놓여 있다. 숫자 속에 채 드러나지 않은 주변의 사연들은 나와 별반 다르지 않을 것이다. 나 하나 일을 그만뒀다고 가정에 닥친 어려움이 사라지진 않았다. 살림과 돌봄의 책임을 여성에게 전가하는 사회구조는 그대로 두고 왜 엄마들이 '전업맘' '워킹맘' '경력단절 여성'으로 분류돼 고통을 강요받아야 할까? 의문이 들었다.

'정치하는엄마들'의 시작

한국 사회에서 임신과 출산, 육아를 경험하며 깨달은 것은 이 과정에서 발생하는 고민과 고충이 지극히 사적인 영역으로 치부된다는 점이다. '애는 엄마가 키워야지'라는 말은 그럴듯한 양육이론으로 포장돼 과도한 책임감으로 다가왔다. 또한 내 뜻과는 무관하게 진행되는 육아와 교육정책의 시행착오를 아이와 함께 고스란히 겪어야 했다.

대표적으로는 허술하게 시작한 무상보육정책이 그렇다. 인근 어린이집에 자리가 없어 발을 동동 굴렀고, 인기 높은 곳에 보내기 위해 입소 대기를 신청해야 했다. 심지어 친구들은 아이가 배 속에 있을 때부터 입소 대기 행렬에 동참했다. 입소 경쟁은 전업맘과 워킹맘을 심리적으로 가르는 원인이 되기도 했다. 정부가 제공하는 보육기관에 대한 정보는 부실하기 짝이 없었다. 결국 주변의 '입소문'에 의존해 정보를 찾아야 하고 이는 개인의 역량에 맡겨진다. 새로 적용된 맞춤형 보육 역시 원성이 자자했다. 엄마의 노동시간을 기준으로 종일반과 맞춤반으로 체계를 나누면서 '가르기'를 심화시키는 동시에 보육현장의 편법과 꼼수가 등장했기 때문이다. 보여주기식으로 전락한 육아정책 앞에서 분통이 터졌다.

그러다 나와 같은 고민을 하는 이들을 만났다. 올 3월 《한겨레》에 실린 장하나 전 국회의원의 글[2]을 읽고, 뜨겁게 공감한 엄

---

2 장하나, '엄마들이 정치에 나서야만 독박육아 끝장낸다', 《한겨레》, 2017. 3. 25.

마들이 페이스북 페이지를 통해 결국 오프라인 만남까지 갖게 된 것이다. 지난 4월 22일 서울 여성플라자에서 열린 첫 집담회에는 알음알음 전국에서 모인 30여 명의 엄마들이 자리했다. 백일이 갓 지난 아기와 이제 걸음마를 시작했거나 뛰어다니는 아이들도 함께였다. 자기소개 시간은 눈물바다로 변하고 말았다. 엄마들은 참아왔던 눈물과 함께 자신의 고민들을 털어놓으며 '나만 그런 게 아니구나'라는 위로를 얻었고 '아이들이 살아갈 세상은 지금과 달라야 한다'는 인식을 공유했다.

또한 정부가 저출산을 심각한 사회 문제로 손꼽으면서도 정작 관련 정책과 예산을 제대로 편성하지 않는 건 엄마들이 조직적으로 목소리를 전달하지 않았기 때문이라고 입을 모았다. 대한민국 20대 국회의원의 평균연령이 55세이고, 83퍼센트가 남성이라는 점은 엄마들의 목소리를 담기 어려운 정치적 구조를 보여주는 동시에 당사자 정치의 필요성을 일깨웠다.

우리는 행동으로 옮기기로 했다. 논의는 비영리단체 출범으로 귀결됐다. 각자 자신 있는 분야에 손을 들고 준비를 맡은 엄벤저스(엄마+어벤저스)의 활약이 더해져 마침내 2017년 6월 11일 '정치하는엄마들' 창립총회를 열었다. 우리는 직접적인 정치 참여를 통해 불합리한 정책과 모순을 바꿔보기로 했다. 총회 현장의 열기는 높았다. 정관을 놓고도 열띤 제안과 토론, 동의와 제청이 이어졌다. 단체 활동의 주체인 엄마를 '생물학적 여성'에 국한하지 않고 조부모, 동성부부 등 돌봄을 수행하는 모든 양육 주체를 아우르자는 의견과 사회적 모성의 개념이 더해져 집단 모성이 등장했다. 또한 단체의 활동과 역할, 추구하는 가치를 논의해 '집단 모성이 세상을 바꾼다'는 슬로건이 탄생하게 되었다. 각자의 자리에 각각 홀로 존재했던 모성이 창조적 협력을 통해 교육, 복지, 환경, 평화 등의 문제를 함께 바라보자는 의미를 담았다. 이는 그동안 함께하기 어려운 것으로 치부됐던 모성과 페미니즘의 개념이 결합한 새로운 집단의 등장이라고도 볼 수 있다.

> "우리는 사회적 모성을 바탕으로 모든 아이들과 그 아이들을 돌보는 모든 사람들의 권리를 옹호하고 그들이 처한 정치적, 경제적, 사회문화적 모순을 해결해나감으로써 더 나은 공동체를 만들 수 있다고 믿는다."
> _정치하는엄마들 정관 중에서

집단행동으로 사회를 바꿔나가다

'정치하는엄마들'은 여러 논의 끝에 보육과 노동 문제 해결을 핵심 과제로 삼았다. 기-승-전-노동시간. 엄마들은 부모의 과도한 노동시간이 출산과 육아를 힘들게 만드는 요인에 닿아 있음을 알게 되었다. 아이가 자라려면 시간이 필요한데, 한국 노동환경의 가장 큰 문제는 개인의 시간을 허락하지 않는다는 것이다. 정책지원도 돌봄 서비스를 늘리거나 지원금을 확대하는 데 초점이 맞춰져 있다. 부모의 시간을 서비스로 대체하는 방식이다. 더구나 한국의 성별 임금격차 부문 불평등이 OECD 국가 중 최고 수준임은 이미 잘 알려진 사실이다. 이는 결국 육아 문제에 직면한 가정에서 부부 중 한 명이 직장을 그만두어야 할 경우 대개 '여성'이 되는 현실을 낳는다. 그렇게 아빠들은 과도한 경제활동의 현장으로 내몰리고, 엄마는 독박육아에 시달리는 것이다.

그래서 우리는 첫 단체행동으로 2017년 6월 21일 국회 앞에서 '칼퇴근법 제정'을 촉구하는 기자회견을 열었다. 법안 통과 여부를 손에 쥔 국회 앞에서 문제 해결을 바라는 당사자로서 엄마들의 요구를 전달하고 정치 참여를 선언하자는 의미였다. 태어나 처음으로 카메라 플래시 앞에서 구호를 외친 경험은 생각보다 값졌다. 할 수 있겠다는 용기가 생겼다.

그 이후에도 특목고, 외고 등 특권층을 위한 학교 진학이 결국 영유아기부터 사교육 과열로 연결되는 문제를 제기하며 '특권학교 폐지 촛불시민행동' 기자회견에 함께했다. 아이들이 안전한 환경에서 자라기를 바라는 마음으로 '신고리 5, 6호기 백지화 시민행동 출범식'에서 힘을 보탰고, 초등성평등연구회 교사들과 모여 생각을 나누고 이후 (가칭) 페미교육네트워크 연대 단체로 참여해 페미니즘 교육과 페미니스트 교사를 지지하는 기자회견에도 힘을 실었다.

초등학교에 다니는 아이는 '급식이 맛있어서 학교에 가고 싶다'고 말한다. 아이들 밥을 책임지는 급식 노동자는 내게 더 없이 고마운 분들이다. 지난 7월 학교의 비정규직 급식 노동자들을 가리켜 '밥하는 아줌마가 왜 정규직이 되어야 하냐'는 국민의당 이언주 의원의 말에 분노한 우리는, 긴급성명을 통해 돌봄과 가사 노동의 가치를 재정의할 것을 요구했다.

정부의 국공립유치원 확대 방침에 반발해 사립유치원들이 집단휴업을 예고했을 때는 성명과 기자회견을 통해 '교육자의 본령을 저버린 행위'라고 비판하며 정부의 대책 마련과 공약 이행을 촉구했다. 국정감사에도 참여해 알레르기 질환이 있는 아이들의 식단 개선 문제를 제기했다. 성평등과 양육, 부모교육 등이 공교육 안에서 이뤄져야 한다는 공감대는 정치하는엄마들 안에서 '함께교육팀'을 낳았고 아토피와 미세먼지 문제 같은 환경에 대한 관심은 '벌레먹은사과팀'을 만들었다.

우리는 매달 집담회를 열어 신규 회원의 이야기를 듣고 현안을 논의하기도 하며 회원들에게 필요한 내용의 강연도 이어간다. 책을 통해 자신들의 생애를 들여다볼 수 있는 '엄마들의 책장', 부부 문제와 양육의 고충을 나누며 도움을 주고받는 '힐링팀', '아두이노메이커팀' 등 자조 모임도 생겨나며 회원들 간 서로를 보듬는 활동도 이어가고 있다.

정치하는 엄마들이 바라는 세상

정치하는엄마들에 가입한 회원은 90여 명이다. 온라인 카페와 페이스북을 통해 참여하는 이들은 각각 600여 명과 1000여 명에 달한다. 대부분 육아 중인 엄마 아빠들이다. 회원들은 사안이 생길 때면 부족한 시간을 쪼개거나 아이들이 잠드는 육퇴(육아퇴근) 이후 단체채팅방에 모여 의견을 나누고 실행 방안을 논의한다. 긴급하게 논평을 쓸 때면 휴가 중인 회원이 현지에서 글을 다듬어 보내는 일도 새삼스럽지 않다. 창립 후 불과 몇 개월 만에 정치하는엄마들이 이뤄낸 결과물에는 최선을 다한 이들의 '변화에 대한 열망'이 녹아 있다.

대부분 학생운동은 물론 시위, 집회 경험과 거리를 둔 삶을 살았고, 여전히 외부에 나서는 게 어색한 엄마들이지만 그럼에도 목소리를 내는 것은, 침묵하지 않고 행동하는 우리의 모습을 보며 아이들이 자라고 있기 때문이다. 아침에 눈뜨면 잠들 때까지 시간에 쫓겨 발을 동동 구르는 평범한 엄마들이지만 아이들에게 이런 세상을 물려줄 순 없다고, 이 사회의 부조리와 모순을 참지 않겠다고 다짐하며 현장을 뛰어다니고 있다.

아이를 키우며 가장 힘든 것이 '모든 걸 혼자 해내야 한다'는 책임과 두려움이었다. 심리적 지지 세력이나 문제의식에 공감해 주는 이들이 없다는 사실은 벽으로 다가왔다. 하지만 용기를 내니 같은 생각을 갖고 있던 사람들이 하나둘 세상 밖으로 나오기 시작했다. 그리고 옆에서 함께 걸어주었다.

엄마 되기를 거부하는 이들이 점점 늘어나는 사회이지만 여전히 이 순간에도 새로운 엄마가 탄생한다. 엄마들이 던지는 이 질문과 요구에 사회가 답할 때 우리의 삶은 변화한다. 그 답을 듣기 위해 엄마들은 오늘도 거리에 선다.

(vol. 114, 2017. 11-12)

엄마들의 언어가 필요하다

주목받지 못하는 엄마들의 이야기

결혼과 출산 후 직접 맞닥뜨린 엄마, 아내, 며느리의 삶은 답답한 문제가 많았지만 세상은 내가 느끼는 다양한 감정에 관심이 없었다. 나 또한 철저하게 남편 중심으로, 아이 중심으로 생각하는 것이 익숙해서 어떤 상황에 불편함을 느껴도 답답함을 억누르며 침묵했다. 사회에서 엄마인 '나'라는 존재는 그저 타자에 불과했다. 아이로 인해 자신의 삶을 포기한 연민의 대상이거나, 과한

이성경 _ 엄마페미니즘 '부너미' 대표. 기혼여성들의 언어를 찾는 글쓰기 프로젝트를 기획해 『페미니스트도 결혼하나요?』, 『당신의 섹스는 평등한가요?』를 출간했다. 《오마이뉴스》에 '페미니스트 엄마가 쓰는 편지'를 연재 중이다.

교육열로 아이들을 불행하게 만드는 비뚤어진 욕망의 화신이거나, 희생의 가치를 몸소 실천하는 위대한 존재이거나, 이기적으로 자신의 아이만 챙기는 '맘충'으로 불리는 혐오의 대상이거나, 모성신화를 깨고 자아를 찾아야 하는 교육의 대상이었다.

페미니즘을 공부하면서 구조적인 성별 불평등 문제를 이해하게 되고, 조금씩 나를 설명할 언어를 찾아갔지만 속 시원하게 갈증이 해소되지는 않았다. 학자들의 글, 비혼, 비출산을 외치는 젊은 여성들의 글, 엄마로 살고는 있지만 조력자가 있어서 궁지로 내몰리지 않아도 되는 여유가 느껴지는 글, 외국에 살고 있어 나와 상황이 전혀 다른 엄마들의 글로는 나를 충분히 설명할 수 없었다.

엄마들 이야기는 결코 평범하지 않을 때 주목받는다. 영재를 키우는 특별한 엄마, 온갖 어려움을 극복하면서 장애아를 키우는 엄마, 아이를 사회적으로 성공시킨 엄마, 아이를 열 명쯤 낳은 엄마 등… 뭐든 아이가 중심이고 그 아이들과 관련해 독특한 사연이 있을 때나 말할 자격이 주어지는 식이다. 아니면 마치 아이와 별개의 존재인 듯 '나'로 성공한 엄마들이거나. 아이를 키우며 고통을 참고 이겨내는 헌신적인 '엄마 역할'로 존재할 때, 혹은 엄마의 역할에 구속되지 않고 슈퍼우먼이 되어 사회적으로 큰 성취를 이뤄냈을 때에야 공적으로 말할 수 있는 마이크가 쥐어진다. 일상에서도 엄마의 입장과 감정은 쉽게 배제된다.

아이가 점점 무거워져서 애 안고 달래는 것도 힘들다고 말하면 무슨 못할 말이라도 한 듯 "애 무겁다고 하는 거 아니다. 애가 다 들어"라며 아이의 입장을 대변하고, 아이 돌보는 일만으로도 힘겨워 자신도 챙기지 못하고 살아가고 있는데 "남편도 좀 챙겨야지"라며 배우자 입장을 대변하는 사람들이 넘친다. "애를 둘이나 낳았어? 애국자구나!" 하며 사회의 입장을 대변하는 말까지. 육아가 얼마나 힘든지, 엄마의 삶이란 어떤 것인지 그 실체를 말하려고 하면 모성애가 부족한 엄마, 나약한 엄마, 나쁜 엄마라는 낙인을 찍고 이상하게 바라본다. 여러 방면으로 엄마의 삶에 대한 해석은 넘치지만 정작 당면한 현실을 살아내기 위해 고군분투하는 평범한 당사자들의 이야기는 부족했다.

김지영의 미래는 내 몫이 되었다

그러던 중 2016년 『82년생 김지영』이 세상에 나왔다. 한국에서 1982년에 태어나고 자란 30대 평범한 여성이 주인공이다. 결혼과 출산 후 경험하는 성차별과 경력 단절, 독박육아 문제가 고스란히 담겼다. 2009년 신경숙의 『엄마를 부탁해』 이후 처음으로 밀리언셀러(100만 부)에 오를 정도로 폭발적인 관심을 끈 이 책을 발견하고 정말 반가웠다. 네 살, 두 살 아이를 재워놓고 밤사이 몇 번을 읽으면서 눈물을 흘렸다. 김지영은 하고 싶은 말이 많았지만 늘 속으로 삼켰다. 자신이 처한 어처구니없는 상황을 벗어나고 싶어 당당하게 말하려 하다가도 분위기를 망칠까 싶어 그만둔다. 부당한 대우를 참고 견디는 김지영이 답답하면서도 그럴 수밖에 없는 그녀의 처지가 온전히 이해되어 또 울었다. 김지영이 경험하는 좌절과 아픔은 다름 아닌 내 이야기였다. 김지영의 "나도 그렇다"는 메시지는 그 자체로 큰 위로가 되었다. 나만 느끼는 성차별과 억압이 아니라는 사실에 안도했고, 그녀의 이야기에 공감해주는 사회 분위기에서 희망을 봤다.

소설은 문제를 드러내면서 끝났다. 김지영이 회복되었는지, 남편은 변했는지, 김지영과 그녀의 딸은 더 나은 삶을 살게 되었는지 등 궁금한 것이 많지만 알 수 없다. 김지영과 내가 다른 점이 있다면 소설 속 주인공과 다르게 내 삶은 계속된다는 것이다. 김지영의 미래는 내 몫으로 남았다. 고통이 드러났고, 그 실체를 알게 되었다고 해서 고통이 사라지거나 해결되지는 않는다. 김지영의 삶이 폭발적인 관심을 받으며 사회문제로 떠올랐지만 내 삶은 변한 것이 없다. 불평등한 현실 고발은 넘쳤지만 내 하루를 바꿀 수 있는 전략은 찾기 어려웠다. 더 이상 침묵하며 살 수는 없다고 다짐했지만 저항하는 방법을 몰라 혼란스러웠다.

견고한 가부장제는 쉽게 무너지지 않는다. 아주 작은 균열도 큰 대가를 치러야 한다. 그렇다고 부당한 현실에서 벗어나고자 내 역할과 책임을 모두 벗어던질 수는 없는 노릇이다. 나는 한 남자의 아내고, 두 아이의 엄마고, 누군가의 딸이고, 며느리다. 남성 중심 지배 질서가 완고한 결혼제도에서 한 여성인 내가 한 사람으로 존중받고자 하는 싸움은 생각처럼 쉽지 않았다. 분열, 갈등, 외로움이 반복되니 매일이 도전인 삶이었다.

내게 돌파구가 되어준 것은 엄마들과의 연대, 소통, 글쓰기였다. 여럿이 함께 공부하면서 '나'의 경험을 '우리'의 경험으로 언어화하면서 서서히 삶의 주체가 되었다. 결혼 제도 안에 들어가자마자 시작되는 남자 집안과 여자 집안의 차별, 호칭의 문제, 여성을 향한 미묘한 일상적 하대, 가사분담의 불평등, 임금시장에서의 부당한 대우, 고립육아의 구조적 문제, 아들과 딸에게 행해지는 성차별적인 태도, 모성압박, 죄책감 등. 결혼하고 출산한 여성들이 경험하는 다양한 문제들을 당사자 관점으로 다루면서 현실을 좀 더 명확하게 파악하기 시작했다.

문제의식을 함께 탐구하고, 작은 실천과 노하우를 공유하면서 내 삶은 많이 달라졌다. 이 시대를 살아가는 엄마라는 존재 자체를 다시 바라보게 되었고, 삶의 태도와 가치관을 재설정하며 분노 이상으로 나아갈 수 있는 여유와 자신감도 생겼다. 많이 배운 누군가가 엄마들의 문제를 분석하는 글, 모든 과정을 통과한 후에 들려주는 삶의 지혜, 정제된 언어와 통계, 지식으로 무장하고 설득하는 글이 아닌 오늘을 살아가고 있는 엄마들이 치열하게 고민한 글, 작은 시도라도 해보는 투쟁의 기록, 분노와 슬픔, 좌절이 담긴 혼란의 글 속에서 힘과 용기를 얻었다.

엄마기에 대하여

'사춘기'는 전 국민이 공감할 수 있는 인생의 중요한 시기다. 한 사람이 그 시기를 지날 때 어떤 신체적, 심리적 변화가 일어나는지 어릴 때부터 배운다. 질풍노도의 시기이므로 주변에서 여러 가지로 이해해줘야 한다며, 사회구성원 전체의 배려를 유도한다. 그런데 내가 엄마가 되어 보니 사춘기는 '엄마가 되는 시기'에 비하면 격변기도 아니었다. 그런데 왜 우리 사회는 '사춘기'처럼 '엄마기'에 대한 관심과 이해가 없을까? 심지어 제대로 된 언어도 없어서 '엄마기'는 내가 나의 상태를 나타내기 위해 임의로 만든 말이다.

한 여성이 엄마가 된다는 것은 신체적, 심리적 변화뿐만 아니라 세계관이 뒤집히는 엄청난 사건인데 이에 대해 제대로 알려주는 교육도 없고, 이해나 배려도 거의 없다. 많은 여성들이 엄마가 된다는 게 어떤 의미인지, 엄마의 삶이 어떤 것인지 자세히 알지 못한 채 엄마가 된다. 우리 사회에는 엄마들의 입장에서 그들의 삶을 해석하려는 노력이 절실하게 필요하다.

대부분의 엄마들이 출산 후 산후 '우울증'을 겪는다고 말하는데, 이런 단어도 다시 생각해볼 필요가 있다. 두 아이가 일곱 살,

다섯 살이 된 지금 돌이켜보면 그때 나의 상태를 '우울증'이라 칭했다는 것이 황당하다. 엄마가 되었다는 것은 20~30년 이상을 '나'라는 한 사람으로 존재하던 이가 또 다른 생명을 품고, 온몸으로 극심한 고통을 겪으며 출산하고, 그 생명을 책임지는 책임감과 부담을 안게 되었다는 것이다. 신체적 변화도 극심할뿐더러 생활 패턴 또한 한 번도 경험해본 적 없는 세계다. '나' 하나만 돌보며 살던 때와 똑같은 이성과 감정 상태를 유지한다는 것이 오히려 이상한 때다. 아이의 귀여움에 웃다가도, 면역력 저하로 여기저기 온몸이 아프면 서글퍼 눈물이 나기도 하고, 아이에게 두 시간에 한 번씩 젖을 먹이느라 제대로 못 자는 날이 이어지면 예민해져 사소한 일에 짜증을 내기도 하는 것이 정상이다.

그렇게 자연스러운 상태를 왜 '우울증'으로 보는 것일까. 약을 먹고 치료받아야 하는 부정적인 상태가 아니라 관심과 배려가 필요한 격변의 시기일 뿐이다. 그 시기 엄마의 감정이 혼란스러운 것은 지극히 정상이라는 관점으로 이해하고 보살피며, 혼자 힘들어하지 않도록 노동을 줄여주어야 한다. 우울증이라는 이름을 붙여놓고 개인의 정신력으로 그 시기를 이겨내라고 하는 것은 너무 가혹하다.

여성들의 교육 수준이 높아지고 삶의 질이 향상되는 것에 비례하여 엄마의 역할과 부담도 획기적으로 줄었다면 얼마나 좋을까. 인공지능이니 뭐니 하는 최첨단 시대에도 여전히 엄마들은 원초적인 수준의 출산을 감당해야 하고, 극심한 돌봄 노동을 맡아야 한다. 전통사회에서는 여럿이 아이를 돌보며 부담을 나눴지만 핵가족이 되면서 고립육아를 하니 오히려 엄마 한 사람이 훨씬 더 과중한 역할을 떠맡는 구조가 되었다. 여성들이 엄마가 된 후 경험하는 격한 혼란과 좌절은 비정상이나 병이 아니다. 보통의 상식이라는 기준으로 '엄마기'를 보내고 있는 누군가를 함부로 평가해서는 안 된다. 새로운 삶을 맞닥뜨린 그 시기를 이해하고 배려하는 사회가 돼야 한다.

우리 사회는 지나치게 아이에게만 관심을 둔다. 아이의 건강, 아이의 행복, 아이의 성장. 엄마는 아이를 위해서만 존재한다. 엄마는 어떤 특별한 존재가 아니라 단지 출산을 한 사람이다. 출산을 했다고 그 순간 신내림을 받듯 '엄마 모드'가 장착되는 것도 아닌데, 마치 어제와 다른 사람인 듯 "엄마니까, 엄마라면, 엄마잖아"라는 말로 감당해야 할 임무를 과중하게 부여한다. 모든 직무가 그렇듯 엄마들에게도 적응기가 필요하지만 엄마가 되었을 때의 혼란, 좌절, 어려움, 미숙함에 대한 이해나 관심은 거의 없다. 엄마들은 늘 사회가 원하는 말을 한다.

이제 달라져야 한다. 평범하게 살던 한 여성이 출산 후 경험하게 되는 일들에도 더 많은 관심이 필요하다. 엄마의 건강, 엄마의 행복, 엄마의 성장, 엄마의 어려움이 무엇인지 묻고 해결할 수 있는 고민을 나눠야 한다. 아이가 어떠하냐고 묻기 전에, 엄마로 사는 '그 사람'의 삶에 대해 질문해야 한다. 엄마를 '역할'로 바라보기보다는 한 '사람'으로 바라보려는 노력이 필요하다.

쓰다 보니 삶이 변했다

2017년 엄마 페미니즘 탐구모임 '부너미'를 만들었다. 페미니즘 책을 읽고, 독후감을 쓰고, 토론거리를 모아 서로의 고민을 나누며, 소통했다. 2018년부터는 본격적으로 함께 글 쓰는 모임을 시작했다. 나는 소설 속 김지영이 아닌 오늘 하루를 살아가고 있는 현실 속 김지영의 이야기를 기록하고 싶었다.

부너미 '쓰기팀'에 하고픈 말이 많은 엄마들이 모였다. 갓난아기를 돌보는 엄마, 곧 복직을 앞둔 육아 휴직자, 하루 2시간씩 잠을 자며 육아와 일을 병행하는 프리랜서, 남편과 역할을 바꿔 주부양자로 일하고 있는 직장인, 창업해 회사를 운영하는 CEO까지 다양한 상황에서 고군분투하는 여성들이다. 아이들이 독감에 걸려서, 남편이 아파서, 회사 프로젝트 마감이 있어서, 부모님을 챙겨야 해서, 고된 일상에 몸 상태가 좋지 않아서 글쓰기는 순조롭지 않았다.

치열한 일상 중에 잠자는 시간을 줄여가며 글을 쓰고 있지만 '한가한 맘충들' 혹은 '가부장제의 부역자 주제에 페미니스트라니' 같은 경멸의 말이 따라붙으며 페미니스트 사이에서도 비난의 대상이 된다. '결혼도 했고, 아이도 낳아 가부장제와 타협하고 여성의 역할을 공고히 하면서 페미니스트라고 할 자격이 있느냐'는 말은 좀 억울하다. 가부장제 안에서 저항하는 방식이 가부장제 밖과 다른 것은 사실이다. 아주 소극적으로 보이고, 사소해보일 수 있다. 그러나 결혼하고 출산한 여성이 남성 중심의 가부장제를 존속시키지 않기 위해 싸우는 것은 적진의 한가운데서 싸우는 것처럼 치열한 일이다. 가부장제의 고인 물이 되지 않으려고, 아이들에게 잘못된 문화를 물려주지 않으려고, 현실에 순응하기보다 저항의 목소리를 내는 것은 결코 쉬운 일이 아니다.

'부녀미' 모임을 진행하면서 많은 글이 모였다. 우리가 쓴 글은 오늘을 살아가는 엄마들의 생생한 증언이다. 말을 글로 남기는 과정에서 우리는 긍정적인 변화를 경험했다. 남편과 시댁 욕이나 하는 모임 아니냐고 비난하던 사람들이 (특히, 남편들이) 단순한 수다 이상의 의미가 있음을 인정했고, 공허하게 사라지던 우리 이야기를 글로 기록하는 과정은 스스로에게 큰 성장의 시간이었다. 결과적으로 엄마들의 글은 결을 바꾸는 언어가 되고 전략이 되었다.

페미니즘 담론에서 비혼, 비출산 이야기도 필요하지만 가부장제의 구조 안에서 변화를 이루기 위해 고군분투하며 살아가는 평범한 엄마들의 이야기도 필요하다. 더 많은 엄마들이 일상의 익숙함에 질문을 시작하면 좋겠고, 더 많은 경험과 노하우를 공유

하면 좋겠다. 침묵을 깬 엄마들의 이야기가 더 많아질수록 우리
사회에서 '엄마'라는 존재가 좀 더 자유로워질 것이다.

(vol. 121, 2019. 1-2)

그렇게 사람이 되어간다

"사람 되려면 멀었다야."

"기웅아, 파이프렌치 좀 가져와."

"그게 뭔데요?"

"애, 사람 되려면 멀었다야."

　콩세알에서 일한 지 얼마 되지 않은 날, 함께 일하는 경구 형님과 기계를 수리하다가 나눈 대화다. 형님은 농담처럼 하신 말씀이지만, 나는 바로 수긍이 되었다. 무슨 의미인지 알고 있었기 때문이다. 나는 그 순간 '단군신화'를 떠올렸다.

남기웅 _ 청계자유발도르프학교에서 9년 동안 역사교사로 살다가, 2018년 강화도로 이사해 사회적 기업 콩세알에서 두부 만드는 일을 하고 있다.

하늘의 존재인 '환웅'을 아버지로 두고, 땅의 존재인 '웅녀'를 어머니로 둔 존재가 바로 사람 '단군'이다. 하늘은 사람의 삶의 가치와 방향을 제시해주고, 땅은 사람의 실질적인 삶의 토대를 마련해준다. 그리하여 사람은 하늘을 통해 종교·정신·이상이라는 형이상학적 삶을 추구하게 되고, 땅을 통해 과학·물질·현실이라는 형이하학적 삶을 영위하게 된다. 그리고 이 두 가지의 조화를 이뤄가는 존재가 '사람'이다.

나는 강화도로 오기 전까지 발도르프학교에서 역사를 가르쳤다. 주로 신화와 종교, 사상의 역사에 대해 강의하면서 '인간은 어떤 존재인가' '인간은 어떻게 살아야 하는가' '지금의 세상은 어떻게 만들어졌으며, 앞으로는 어떠해야 하는가' 같은 질문을 학생들에게 던져왔다. 앞서 말한 단군신화 이야기도 내 수업 내용의 일부였다. 그리고 그런 나의 삶에 '파이프렌치'는 없었다.

"아빠, 나 유치원에서 고추장 만들어왔어. 이거 어떻게 만들었는지 알아?"

"몰라."

퇴근하고 집에 오니 딸 유림이가 유치원에서 만든 고추장 한 통을 보여주며 자랑을 한다. 저번에 메주를 어떻게 만들었고, 오늘 고추장은 어떻게 만들었고 하면서 아빠에게 고추장 어떻게 만드는 줄 아느냐고 뼈아픈 질문을 한 것이다. 아마 경구 형님이 옆에 계셨으면 한 말씀 하셨겠지. "너, 사람 되려면 멀었다야."

뒷마당 조그마한 텃밭에서 키운 배추 몇 포기로 김장 아닌 김장을 할 때도 유림이는 아빠에게 가르침을 주었다. 콩세알 식당에서 이모들과 여러 번 김치를 담가본 유림이는 아빠의 어설픈 손놀림을 보면서 배춧잎 깊숙이 속을 넣어라, 양념이 너무 많다, 잔소리를 하며 구박 비슷한 가르침을 전수했다.

하지만 사람은 스스로의 문제를 자각하면 변화, 발전할 수 있는 존재가 아니던가? 마을 사람들의 도움을 받아 평상도 만들고 개집도 만들면서 조금씩 '사람'이 되어가고 있는 나는, 올해 겨울 집 근처 논이 아이스링크로 변한 것을 보고 유림이에게 썰매를 만들어주겠노라 약속했다. 그리고 공장 옆에 있는 목공실에서 재료를 찾아 나무를 자르고 못을 박아 그 약속을 지켰다.

신나게 썰매를 타면서 즐거워하는 유림이를 보며 '사람'이 되어가는 아빠로서의 뿌듯함을 느꼈다. 드문드문 지나가던 차들이 하나같이 멈춰 서서 썰매를 타고 노는 우리 모습을 바라보았다. 이 지역 사람들은 아이 만나기 힘든 시골에서 꼬맹이가 썰매를 타며 노는 모습이 반가워 차를 세웠을 것이고, 도시에 사는 사람들은 요즘도 이렇게 노는 시골 아이가 있다는 것이 신기해서 차를 멈춰 세웠으리라. 유림이는 이런 시선은 신경도 쓰지 않은 채, 누워서도 타보고 엎드려서도 타보면서 어떻게 하면 더 재미있게 탈 수 있을까에만 관심을 기울일 뿐이었다.

세상의 다양한 아름다움을 알아가며

얼마 전 정동진으로 여행을 갔을 때, 유림이가 바다를 보며 이런 말을 했다.

"아빠, 지금까지 본 바다 중에서 제일 예뻐."

7년 인생 최고의 바다라. 한편으로는 웃음이 나면서도, 또 한편으로는 감사했다. 유림이는 화려한 공주 스티커를 좋아하고, 반짝이는 액세서리 장난감을 좋아한다. 눈이 얼굴의 절반을 차지하고 다리 길이가 키의 3분의 2쯤 되어 보이는 인형을 예쁘다며 가지고 논다. 하지만 조금씩 다른 차원의 아름다움도 함께 알아가고 있는 걸 느낀다.

우리 가족이 사는 마을이 그렇다. 이름도 '달빛고운마을'이다. 마을회의 때, 군청에서 마을 입구에 가로등을 세운다고 하면 못하게 하자는 얘기가 나올 만큼 밤하늘이 참 아름답다. 유림이가 지어준 우리 집 강아지들 이름도 '달이'와 '별이'다. 가끔 평상에 누워 밤하늘을 바라보고 있으면 토마스 모어의 『유토피아』에 나오는 이야기가 생각나기도 한다.

"금과 은은 단지 희귀하기 때문에 인간이 소중하게 여기는 것입니다. 자애로운 어머니인 자연은 공기, 물, 흙 같이 사람들이 가장 필요로 하는 것들을 우리에게 마련해 주었지만, 그다지 필요하지 않은 것들은 보이지 않는 곳에 감추어 두었던 것입니다."

"유토피아 사람들은 하늘에 반짝반짝 빛나는 별들이 그토록 많은데 그에 비해 미미한 빛을 내는 작은 돌맹이를 보고 기뻐하는 사람들을 이해하지 못합니다."

유토피아에서는 매우 수치스러운 죄를 범한 사람들이 금귀고리와 금목걸이를 해야 하고 금관을 써야 하는 치욕을 당한다고 하는데, 우리네 삶과 참 다른 세상이다. 하지만 유토피아가 틀린 세상은 아니다. 하늘을 잊고 땅만 바라보며 살아가는 세상이 틀린 것일지도 모른다.

다시 단군신화를 빌려 얘기하자면, 우리가 살아가는 현대사회는 하늘과 땅의 조화가 뒤집어진 사회이다. 땅의 영역인 돈과 물질이 저 하늘 꼭대기에 올라가 있고, 하늘의 영역인 종교와 이상은 땅으로 추락하고 있다. 그리고 많은 사람들이 이런 사회에 맞춰 살아가고 있다. 한영애의 노랫말처럼 다시 한 번 '조율'이 필요한 때다.

우리 아이들이 하늘과 자연에 대한 경외감을 잃지 않고 살아갔으면 좋겠다. 아직 이것저것 사달라 조르기 바쁜 일곱 살 유림이 또한 아름다움에 대한 감수성을 품고 따뜻한 마음을 느끼며 하늘을 닮은 사람으로 자라날 수 있길 바란다.

올해 정월대보름날, 마을에서는 작은 잔치가 벌어졌다. 마을 공터에 자그마한 달집이 만들어지고, 꽹과리와 장구 소리가 울려 퍼졌다. 날이 흐려 보름달은 숨바꼭질 하듯 구름 사이로 보였다 숨었다 하고, 사람들의 웃음소리는 끊이지 않았다. 그리고 유림이는 달집을 태우고 남은 재가 담긴 깡통이 뱅글뱅글 돌다가 하늘 위로 높이 올라가 불꽃을 퍼뜨리며 떨어지는 광경을 보았다.

"아빠, 너무 예쁘다."

"그치?"

사랑의 능력

전 세계 불상의 얼굴은 그 지역 사람들의 얼굴을 닮았다고 한다. 백제인들이 중국으로 가는 바닷길의 평안을 기원하고자 그 길목에 만들었다고 하는 서산 마애삼존불의 얼굴에는 백제인의 미소가 있다. 그 미소가 어린아이의 모습과 같다. 모든 종교가 찾고자 하는 어린아이의 마음을 품은 모습이다.

백제의 미소를 품은 아들 유재는 다운증후군을 가지고 태어났다. 유재는 방실중격결손이라는 심장병이 있어 태어나자마자 신생아 중환자실에서 지내야 했고, 태어난 지 4개월도 되지 않아 심장 수술을 받았다. 주위 사람들과 심장재단의 도움을 받아 수술을 잘 마친 유재는 벌써 네 살이 되었고, 온 동네를 뒷짐 지고 걸어 다니며 건강하게 잘 크고 있다.

특히 강화도에 와서는 사람들의 사랑을 듬뿍 받으며 존재감을 뽐내고 있는 중이다. 사람들이 모여 있을 때 유재는 아빠를 찾지 않는다. 아니, 모르는 척한다고 느낄 정도다. 아빠가 편해지기 위한 속셈으로 아들을 방치하며 키운다는 의혹마저 여기저기서 제기된다. "애비 맞아?" 하는 이야기도 종종 들었다. 하지만 이런 말조차 기분이 좋다. 그만큼 유재가 좋아하는 사람들이 많아졌다는 의미이기 때문이다. 어차피 아빠는 집에 늘 같이 있는 사람이니까, 지금 유재가 나누는 더 많은 이들과의 사랑이 감사할 따름이다.

그런데 사랑과 관심을 독차지하고 있는 유재에게 조만간 '위기'가 찾아올 예정이다. 올여름, 우리 마을에 아기가 태어나기 때문이다. 이 소식을 들은 나는 유재를 가만히 앞에 앉혀놓고 진지한 표정으로 말했다. "유재야, 이제 너의 시대는 갔다." 지금까지 유재가 있는 곳에는 하하 호호 사람들의 웃음소리가 끊이지 않았다. 여름이 되면 그 웃음소리가 두 배가 될 것이다. 형 노릇할 유재의 모습을 상상하니 절로 입가에 미소가 번진다.

유재를 키우면서 항상 떠올리는 글이 있다. 『함께웃는날』 2008년 봄호에 실려 있는 한미경 님의 '장애를 안고 이 세상에 온 이유'[1]라는 글에는 독일의 발도르프 특수학교 교사로 일했던 힐돈 선생님이 들려준 이야기가 나온다.

모든 질병은 사회의 거울입니다. 19세기 말 산업화가 한창 진행 중이던 영국 사회를 살펴봅시다. 그 당시 사회 전반엔 강력한 물질주의, 탈신성화된 자연관과 세계관이 번창하고 교육은 단지 엘리트교육을 향해 치닫습니다. 그러니까 이러한 사회 분위기, 모든 인간이 단지 머리를 향해 치달을 때, 머리 부분이 퇴화한 인류가 이 세상에 탄생하는데 그것이 다운증후군입니다. 그런데 다운증후군인 사람은 보통 인간과 다른 놀라운 능력을 지니고 있는데, 바로 '사랑의 능력'입니다. 이들은 머리에 해당하는 부분, 그러니까 지적인 부분이 보통 사람보다 퇴화한 반면 놀라울 정도로 뛰어난 정서능력을 지니고 있습니다. 때문에 이들의 존재는 많은 사람들에게 놀라운 선물을 안겨줍니다.

유재가 가지고 있는 능력이 '사랑의 능력'이라면, 이 능력을 키워줄 스승은 '자연'이다. 이것이 나의 생각이었고, 강화도로의 귀촌을 결심한 이유였다. 그런데 강화도에 와서 유재의 또 다른 스승을 만났다. 그것은 바로 '자연을 닮은 사람들'이었다. 그리고 그들은 나의 스승이기도 하다.

단군신화에서 곰이 사람이 될 수 있었던 것은 마늘과 쑥을 꾸준히 먹었기 때문이다. 마늘이 당시에 없었고 달래를 먹었다는 얘기도 있지만 중요한 것은 그것이 마늘이냐 달래냐가 아니다.

---

1 이 글은 『민들레』 55호에 처음 실렸던 글이다.

핵심은 하늘의 뜻을 따랐다는 것이다. 하늘의 뜻이 무엇인가? 모든 종교가 말하고 있다. 사랑이라고. 단순한 사랑이 아니다. 너와 나의 경계를 뛰어넘는 사랑이다.

올해 콩세알은 '사회적 기업'을 넘어 '사회적 농업'을 추진하게 되었다. 장애인들에게 치유와 교육과 일터를 제공하는 것을 기본 사업으로 하게 되는데, 이를 통해 유재만이 아니라 유재 같은 아이들이 함께 '사랑의 능력'을 기쁘게 뽐내며 세상이 가진 장애를 치유해줬으면 좋겠다는 바람이 생겼다. 이를 위해 아빠로서, 어른으로서, 사람으로서 할 수 있는 것은 뭐든 해볼 생각이다.

콩세알에서 일 년간 일하면서 느낀 건 두부를 만드는 일이 쉽지 않다는 것이다. 특히 콩세알에서는 화학응고제를 쓰지 않기 때문에 변수가 많다. 콩을 물에 불린 정도, 맷돌로 간 콩즙의 농도, 콩즙에서 비지를 짜낸 콩물의 온도, 응고제로 쓰는 간수의 양. 이런 조건들이 적당하게 맞아 들어가며 조화를 이뤄야 좋은 두부가 나온다. 사람의 삶도 그렇다. 이상과 현실의 조화, 정신과 물질의 조화, 종교와 과학의 조화가 필요하다.

물질을 이상으로 삼지 않고 끊임없이 하늘의 뜻을 물으며, 어떤 것이 의미 있고 자유로운 삶인지 탐색하면서 현실을 살아갈 능력을 조화롭게 갖춘 사람. 나는 그런 사람이 되고 싶어 돌고 돌아 이곳 강화에 왔지만, 이곳에서 시작하는 우리 아이들은 또 돌고 돌아 어디로 가게 될지 모를 일이다. 하늘에 대한 경외감을 품고 땅의 산물을 내 손으로 거두어내는 힘을 갖도록 돕는 것만이 부모로서 내가 할 일이라 여기고 있다. 그러기 위해서는 내가 먼저 '사람'이 되어야 하리라.

(vol. 122, 2019. 3-4)

교육은 부모와 교사의 팀플레이다

아이의 패턴을 찾아라

현명한 부모는 자녀의 패턴을 알고 있다. 모든 부모들은 아기를 키우면서 나름 아기의 패턴을 파악하고 그에 맞춰 양육한다. 첫 아이가 태어났을 때 가장 중요한 건 아이의 패턴을 찾아내는 것이다. 언제 잠을 자고 언제 깨는지, 젖은 언제 물려야 하는지, 이런 패턴을 파악하게 되는 것은 부모와 아기가 끊임없이 접촉했기 때문이다. 둘째아이가 쉬워지는 건 아이에게 패턴이란 게 있

_____

이철국 _ '강아지똥'이라는 별명으로 불리며 공교육과 대안교육 현장에서 30여 년 동안 아이들을 만나오고 있다. 『아이는 당신과 함께 자란다』를 썼다.

다는 걸 알아서 여유가 생긴 덕분이다.

1+2+3+……+98+99+100 = ? 사뭇 복잡해 보이는 덧셈이지만 패턴을 알면 어렵지 않다. 패턴을 모르면 열심히 더하면서도 중간에 틀릴까봐 전전긍긍하지만, 패턴을 알고 있는 친구는 웃고 있다. 이처럼 패턴을 알면 웃으면서 아이를 기를 수 있게 된다. 현명한 교사는 아이의 패턴에 따라서 대응하며 지도한다. 패턴을 알면 사람과 사물 모든 현상에서 경이로움을 맛볼 수 있는 특별한 안목이 생긴다.

어린아이일수록 패턴을 감출 수 없기에 파악하기가 쉽다. 패턴을 알고 있다는 것은 앞으로 무슨 일이 일어날지 어느 정도 예측할 수 있다는 것이다. 애들이 크면 나름대로 부모의 패턴을 찾아서 읽어버린다. 학교에서도 교사의 패턴을 알아챈 아이들이 교사의 히스테리에 적절하게 대비하기도 하고 때론 순진한 교사를 이용해먹기도 한다.

교사와 부모 사이의 상호 소통 혹은 상담은 서로가 파악한 패턴을 공유하는 것이다. 교사는 학교에서 본 아이의 패턴을 나누고, 부모는 그때까지 가정에서 드러난 아이의 패턴을 나눈다. 이 과정을 거치면서 부모는 자녀를 바라보는 '판에 박힌 시선'에서 벗어날 수 있고, 아이를 바라보는 자신의 시선이 얼마나 편협했는지 알 수 있게 된다. 아이의 현상을 이해하는 방법이 꽤 있지만 우리는 대부분 겨우 한두 가지밖에 사용하지 않는다.

학교에서 교사들은 '모자이크 퍼즐 맞추기'에 열중한다. 각자가 파악한 패턴을 모아서 퍼즐을 맞추어보면 보다 완전한 그림으로 한 아이의 모자이크가 완성된다. 아이들의 패턴을 찾아낸 교사회의 승리라고 할 수 있다. 조각들이 갖는 한계에 갇히지 않고 조각과 조각 사이의 연관을 찾아서 전체 그림을 맞추는 것이다.

이때 해석을 잘 해야 한다. 가끔 한 조각을 보고 전체인 양 단정 짓는 오류를 범하게 되고, 파악한 패턴을 잘못 해석해서 가능성을 놓치기도 한다. 아무리 애써도 패턴을 파악하지 못하거나 한 조각을 끝끝내 찾지 못하는 경우도 있다. 이때 교사나 부모는 엉뚱한 조각이나 패턴을 갖고 찾았다고 우기지 말고 정직해져야 한다. 찾지 못한 한 조각이 더 중요하고 많은 이야기를 담고 있을 수도 있다. 조각의 빈 자리를 보고 겸손한 부모와 교사는 자신이 무엇을 해야 할지 지침을 얻는다. 자신이 무엇을 모르는지 알고 있다면 문제는 해결할 수 있다.

나는 매년 신입생들이 들어오면 나름대로 아이들 저마다의 패턴을 부지런히 찾는다. 사뭇 혼란스럽고 의뭉스러워 보이는 아이들의 언행을 보면서 패턴을 찾는 작업은 쉽지 않지만, 뿌리칠 수 없는 호기심이 작동해서 오히려 즐기는 편이다. 패턴이 단순한 아이도 있고 좀 복잡한 아이도 있다. 패턴을 찾기 위해서는 관찰하고 함께 놀기도 하면서 되도록 많은 접촉을 해야 한다. 수업, 여행, 점심시간 등 모든 기회를 활용하는 것이 좋다. 아이와 많이 접한 만큼 많은 패턴을 알아낼 수 있다. 조급하게 서두르면 패턴이 잘 보이지 않는다.

패턴을 찾는 마음가짐에서 중요한 것은 선입견에서 벗어나야 한다는 것이다. 자신감 넘치는 교사의 함정은 바로 선입견에 빠질 수 있다는 점이다. 부모들이 자기 아이의 패턴을 찾기 위해서는 교사를 존중해야 한다. 아이를 학교에 보낸다는 것은 또래들과 어울리면서 함께 공부하고 생활하는 학교에서 아이의 또 다른 모습을 찾는 일이다. 학교에 안 보내고 집에서 아이를 키우고 가르친다면, 아이를 다양한 상황에서 객관적으로 볼 수 있는 교사라는 존재의 도움을 받지 못하는 셈이다. 부모 혼자서는 아이의 다양한 패턴을 찾기가 쉽지 않다.

모자이크 퍼즐 맞추기의 원리

아이들은 장면마다 다른 모습으로 나타난다. 이건 당연한 현상인데, 대부분의 부모들은 잘 받아들이지 못하거나 선입견으로 인해 잘 알아채지 못하는 것 같다. 이십여 년 교육현장에 있으면서 분명히 내 눈으로 확인한 것이다. 아이들은 집에 있을 때와 학교에 있을 때 그리고 혼자일 때와 두 명일 때와 여럿이 있을 때 각각 다른 모습을 보인다. 그래서 아이의 어느 일면만 보고 그 아이를 다 알았다고 말할 수 없다. '장면마다 당연히 다르다'는 이

인식이 없으면, 부모와 교사 사이에 오해가 쌓이고 서로 신뢰할 수 없게 된다. 이것은 특히 초등학교 1학년과 중학교 1학년 입학 초기에 학교와 가정 사이에서 해마다 반복되는 갈등과 불만의 주요 요인일 정도로 민감한 사안이다.

부모는 주로 집에서 혼자 또는 형제랑 있는 아이를 보게 되고, 교사는 학교에서 여럿이 무리지어 있는 상태에서 아이를 보게 된다. 학기 초에 가정에서의 생활 모습과 학교에서의 생활 모습이 면담 등을 통해 순조롭게 교환되지 않으면 순식간에 발화점에 도달할 정도로 파괴력이 높아진다. 가정방문 갔다가 부모님 앞에 다소곳이 앉아 있는 아이를 보고 속으로 '쟤가 걔가 맞나?' 하고 놀란 적이 많다. 반대로 어쩌다 학교에 들린 부모님이 아이 모습을 보고 혼란스러워하기도 한다. 상담 기간 중에 아이에 대한 이야기를 나누다 보면 부모와 교사가 각각 다른 아이에 대해 말하고 있는 것처럼 생소하게 느껴질 때도 있다.

아이들은 거짓말을 하지 않는다는 신화에 가려서 어른들은 가끔 오판할 때가 있다. 아이들은 가끔 자기도 모르게 거짓말을 하기도 한다. 그 이유는 아이들이 중요한 것과 지엽적인 것을 구분하지 못하고 또 시야가 좁기 때문에 현상을 객관적으로 분석할 수 없어서 부분을 전체로 인식하고 그대로 말함으로써 결과적으로 거짓말이 되는 것이다. 그 때문에 어른은 종종 아이에게서 일차로 가공된 잘못된 정보를 듣게 되고, 부모나 교사는 각자의 입장에서 이차적으로 정보를 재해석하면서 엉뚱한 말이 오갈 수 있다. 게다가 인간은 오해에 취약하다.

사정이 이럴진대, 부모와 교사 사이에 서로 다른 해석을 하게 되면 서로 의심하고 못미더워하게 되기 십상이다. 가령 학교에서 아이들끼리 싸웠을 때, 교사가 학교에서 파악한 아이의 행동과 그 아이가 집에서 하는 말이 다를 수 있다는 것을 교사와 부모 모두 염두에 두어야 한다. 우선 이 정도 인식만으로도 상황이 악화되는 것을 막을 수 있다.

태양의 위치에 부모를, 지구엔 교사를, 달엔 아이를 두는, 교육의 3주체를 천체의 행성으로 시각화해서 볼 때, 세 행성이 엇갈리지 않고 잘 공전하려면 조화가 가장 중요한 관건이 된다. 뉴턴도 풀기 어려워했던 3개의 천체 공전 방정식을 우리는 풀어야 한다. 조화가 어긋나면 충돌하게 된다. 그것은 바로 각자의 입장에서만 정보를 해석하는 경우라고 할 수 있다. 부모 교사 모두 어른으로서 오해와 충돌이 생기지 않도록 서로 상대방 말을 경청하고 또 아이들의 말을 잘 새겨서 들어야 한다.

그러면 부모와 교사 중에 누가 더 아이를 잘 이해할 수 있을까? 교사가 유리한 이유가 두 가지가 있는데, 하나는 인류의 성현들조차 자기 자식을 자기가 잘 가르칠 수 없다는 고백을 할 정도로 부모는 제 자식 앞에서 냉정한 일관성을 유지하기가 어렵다는 것이다. 오죽하면 자식을 서로 바꾸어서 가르쳤다고(易子而敎之)

했을까. 아무리 노련한 교사라도 자기 자식 문제 앞에서는 맥을 못 추는 것을 보면 쉽게 수긍할 수 있을 것이다. 둘째는 교사회라는 집단 속에서 여러 선생님들이 각자 다른 위치에서 아이들을 보기 때문에 객관적으로 볼 가능성이 커지기 때문이다.

나는 이것을 모자이크 효과라고 부르는데, 선생님들이 각자 본 아이의 모습을 함께 모아서 합하면 모자이크 조각이 완성되듯이 거의 정확한 아이의 상이 그려지기 때문이다. 그렇더라도 아이들에 대해 교사가 아는 것이 항상 옳다고 생각하는 순간 또 다른 함정에 빠질 수 있다는 것을 유념해야 한다. '저 아이는 커서 무엇이 될 것이다, 혹은 무엇이 되는 것이 좋겠다'라는 예측도 자제해야 한다. 아무리 조심해도 인간인 이상 교사의 선입견이 개입하게 되고, 또 아이들은 아직 완성된 존재가 아니기 때문이다.

지구상에 있는 모든 아이들에게는 길게는 137억 년 간의 우주 진화의 역사가, 짧게는 38억 년 생명 진화의 역사가 고스란히 아로새겨져 있다. 아이에 대해서만큼은 다른 시각을(가능하면 긍정적으로) 받아들일 수 있도록 항상 열려 있어야 한다. 이렇게도 볼 수 있고 저렇게도 볼 수 있을 때는 무조건 긍정적으로 보면 좋다.

선생님들은 모이면 주로 아이들 얘기를 한다. 오늘은 놀기만 하고 아이들 얘기는 하지 말자고 아무리 다짐해도 어느새 보면 아이들 얘기에 열중해 있다. 일종의 직업병이다. 선생님들도 인간인지라 때로는 집단적 편견에 사로잡혀 교사회의 대다수 교사들이 간주하는 대로 아이를 이해했다고 단정짓는 실수를 범할 수 있다. 학교에서 만나는 아이들에 대해 내가 먼저 편견과 선입견에서 멀어질수록 아이들이 가깝게 다가오는 것을 느낀다. 소수의 다른 견해도 귀담아 듣고 '그렇지 않을 수도 있다'는 여지를 남겨 놓아야 한다. 교사집단만큼 한 아이를 놓고 집단적 편견에 빠질 위험이 큰 집단도 없지 않은가.

아이는 자기 리듬대로 자란다

나는 대안교육에 발을 들여 놓은 이래 한동안은 아이를 보고 부모를 판단하려고 했고, 부모를 보고 아이를 판단하려고 했다. 그러다가 언제부턴가는 아이를 보고 부모를 판단하지 않으려고 했고, 부모를 보고 아이를 판단하지 않으려고 했다. 전자에서 후자로의 변신은 가장 잘한 변화로 생각하고 있다. 아이를 보고 부모를 판단하려 하거나 부모를 보고 아이를 판단하고픈 엄청난 유혹이 있었지만 결국 뿌리칠 수 있었다. 아이와 부모를 분리해서 생각할 만큼 성숙했다고 자부할 만하다. 교사는 궁극적인 하나됨을 위해서 일정 기간 동안 부모와 자녀를 분리해서 생각할 수 있어야 한다.

우리 사회 통념상 엄마 아빠 모두 훌륭한데 아이는 세속적인 표현으로 비뚤어지는 경우도 있고, 반대로 엄마 아빠는 음~ 그런데 아이는 훌륭한 경우도 있다. 무슨 말을 하려고 하냐면, 아이들은 엄마 아빠를 닮기도 하지만 닮지 않기도 한다는 말을 하고 싶은 것이다. 대부분 형제자매가 닮지 않은 것만 봐도 쉽게 수긍할 수 있을 것이다. 얼떨결에 30년 이상 교직에 있으면서 아이들과 부모를 무수히 많이 만나왔고 인간에 관한 여러 가지 비밀을 알 수 있게 되었다.

이런 수십 년에 걸친 관찰과 경험, 그리고 약간의 생물학 지식을 결합해보면 아이나 새끼, 알은 제3의 새로운 생명이라고 할 수 있다. 현대 과학은 '그 아버지에 그 아들'이나 '그 어머니에 그 딸'이라는 말이 정확한 표현이 아니라는 것을 말해주고 있다. 유전은 부모의 장점만 쏙쏙 뽑아 아이에게 전해주는 것이 아니다. 이것은 진화의 신비라고 할 만한데, 이 세상에 완전한 부모는 없으니 죄책감을 가질 필요도 없다. 완전한 부모한테서 정말로 똑똑한 아이가 자랄까? 슬프지만, 자신의 성장과 세상일에는 관심이 없고 오직 자식에게만 올인하는 부모의 자식이 어떻게 자라는지 생각해봐야 한다.

부모와 교사는 무엇보다 아이들에게 자기 시간을 내줘야 한다. 진정으로 줄 것은 이것밖에 없다. 많은 물질을 준다고 하더라고 시간을 함께하지 않으면 아무것도 안 준 것과 마찬가지다. 기러기 아빠란 자녀에게 시간은 안 주고 돈만 주면 된다고 생각하는 사람일 것이다.

아이들은 엄마 아빠가 이 세상에서 어떻게 배우고 일하고 이웃을 사랑하며 즐겁게 사는지 보고 배운다. 불행한 엄마보다 차라리 불완전한 엄마가 낫다. 또 아이는 아이대로 엄마 유전자, 아빠 유전자 어디에도 구속되지 않고 자신만의 고유한 운명을 개척해나갈 책임과 권리가 있다. 아이들에게 많은 것을 해주면서도 미안해하는 부모들이 많지만, 이 세상에 완벽한 부모는 없다. 완벽한 부모가 되지 못했다고 미안해하지 말자.

(vol. 91, 2014. 1-2)

애들 잘 기르려고 궁리하지 말고

아이가 학교 성적은 바닥인데 공부에 관심이 없습니다. 공부와 행복이 꼭 비례하지 않는다는 걸 알면서도 공부 잘하는 아이가 대접받고 편하게 살 수 있는 세상이기 때문에 저도 모르게 다른 아이와 비교하게 됩니다. 공부를 못하니 예체능 쪽으로 이런저런 과외를 시키고 싶은 욕심도 듭니다.

제 아이가 어렸을 때 한번은 전화를 걸어서 말했어요. "아빠, 나 오늘 중간고사 봤어." "어, 그래 잘 봤냐?" 물었더니 "응. 꼴찌

이현주 _ '이아무개'라는 필명으로 동화를 쓴다. 무위당 장일순 선생과 함께 『노자이야기』를 펴냈으며, 『배움의 도』를 우리말로 옮겼다. 이 글은 2010년 11월 민들레가 주관한 부모 강좌에서 청중과 묻고 답한 내용을 정리한 것이다.

했어" 하고 대답해요. 너무 스스럼없이 말하는 거예요. 그게 참 기분이 좋았어요. 아이가 자랑스럽게 이야기한 것은 물론 아니었는데, 저는 잘했다고 말했어요. 잘했다는 이유는 두 가지입니다. 이미 꼴찌 했잖아. 지나간 거예요. 그것은 과거일 뿐입니다. 지나갔어. 어쩔 거야. 좋게 해석하자 이거예요. 그게 제 철학입니다.

진짜 잘한 이유는 뭐냐 하면, 누군가는 꼴찌를 해야 해요. 일등이 있으면 꼴찌가 있기 마련이잖아요. 그렇죠? 남의 집 아이가 꼴찌 하면 괜찮고 우리 집 아이가 꼴찌 하면 안 된다는 거, 도둑놈 심보잖아요? 우리 집 아이도 꼴찌 할 수 있어요. 그런데 그게 바로 너란 말이지. 다른 아이가 아니라. 그래서 잘했다는 말이죠. "다른 아이가 꼴찌 했으면 부모도 아이도 괴로웠을 텐데. 이런 부모를 둔 니가 했으니 참 다행이다" 하고 말했습니다.

아이는 그런 것에 기죽지 않고 잘 커서 벌써 서른 살이 넘었는데, 그림을 그리면서 참 멋있게 재밌게 살아요. 이 아이가 며칠 전에도 커피를 타서 "아빠, 커피 한잔 드세요" 하고 주는데, 제가 "고맙다" 하고 받아 마시면서 문득. 저 애는 내게 존댓말 하는데 왜 나는 반말 하지? 나와 동등한 존재인데 저 애가 내게 존댓말 하는데 나도 그래야 하는 거 아닌가 하는 생각이 들 정도로 든든한 거예요. 그런데 속으로만 생각하고 표현은 안 했어요.(웃음)

이 아이가 고등학생 때 시골에 있는 기숙형 학교를 다녔어요. 지금은 기숙사를 새로 잘 지었지만 그때만 해도 커다란 방에 이

층 침대 50개를 놓고 한 방에서 재우더라고요. 워낙 낡은 건물이다 보니 별이 잘 드는 자리도 있지만 일 년 내내 햇볕이 안 드는 자리도 있어요. 그런 자리는 습기도 올라오고 곰팡이도 피고 그래요. 한번은 딸 기숙사에 갔더니 그 녀석이 제일 구석진 그 자리를 자기 자리라고 가리키는 거예요. 그 많은 자리를 두고 하필 거기인지 속이 좀 상했어요. 그래서 무심결에 제가 "너는 제비 못 뽑는 것도 아빠 닮았냐" 그랬더니 아이가 "아니야 아빠, 사실은 햇볕 드는 저기 창가 쪽이 내 자리였어" 하는 거예요. "그런데 왜 여기 있냐?" 했더니 "거기 누군가는 가야 하잖아요" 그러는 거예요. 제비뽑기로 그 자리에 걸린 친구가 사흘을 울면서 힘들어하더래요. 그래서 자기가 가보니까 견딜 만하더래요. 이해가 가요. 어렸을 때 그 아이가 자기 방 어질러 놓은 거 보면 충분히 그럴 수 있어요.(모두 웃음) 그래서 바꿔줬대요. 가슴이 찡한 거예요. "잘 살고 있다. 너, 그 마음이면 이 세상 실컷 산다" 했습니다.

우리 아이들 누구에게나 다 하늘이 준 싹이 있어요. 교육은 이처럼 자신의 타고난 가능성으로 각자 자신의 꽃을 마음껏 피울 수 있도록 가르치고 돕는 것이 아닌가 생각합니다. 한 집안에서도 다 달라요. 언니 봐라, 오빠 봐라 하지 말아요. 서로 색깔이 다른데 어떻게 자꾸만 누구를 보라고 해요. 각자 개성을 살릴 수 있는 자유로운 분위기에서 아이들을 자라게 했으면 좋겠어요. 부모가 소신이 있어야죠. 본인이 세상과 인생에 대해서 자신만만하고 자유로워야 합니다. 내가 두려운데 어떻게 해요? 애들 잘 기르려고 궁리하지 말고 본인부터 잘 살아야 합니다.

아이 키우면서 가장 불안할 때는 아이한테서 저의 잘못과 약점을 볼 때인 것 같아요. 정말 사소한 것인데도 잘못되지는 않을까, 나처럼 되지 않을까 상상하면 불안해져요.

사람이 이 세상에 태어날 때는 하늘이 내려준 사명이 있다고 해요. 사람이라면 누구나 그 사명을 갖고 이 세상에 옵니다. 그것이 무엇일까요? '부모 사람 만들기'입니다.(웃음) 공감이 되지요. 이 아이는 나를 사람 만들려고 이 세상에 태어난 거예요. 아이를 보면서 내 결점을 보고 있다는 것은 제대로 공부하고 있다는 말입니다. 한걸음 더 나가서 아이에게 "엄마가 이런 결점이 있다, 내 결점 때문에 네가 괴로웠다면 엄마를 용서해다오" 하고 말할 수 있으면 더 좋겠습니다. 뻔히 보이는데 아닌 것처럼 말하고 행동하니 부모를 믿을 수 없는 거예요.

우리가 불안한 건 당연한 거예요. 그런데 그 불안이 어디서 왔는지 잘 살펴보세요. 99퍼센트가 아직 일어나지 않은 일 때문에 불안해요. 화나는 일은 가만히 보면 99퍼센트가 지나간 일 때문에 화가 나요. 내가 누구에게 기분 나쁜 이야기를 들었어요. 이미 들었는데 안 들은 걸로 할 수 없어요. 지나간 일은 이미 지나간 거예요. 내가 손을 대서 돌이킬 수 없어요. 그런데 그 말에 얽매이고 휘둘리고 있는 것은 현재진행형이에요. 이때 내가 할 수 있는 것은 지나간 일에 대한 내 생각과 평가인 거죠. 꿈은 이미 꿨잖아요. 내가 깨어나서 할 수 있는 일은 해몽이란 말이죠. 해몽은 내 마음대로 하는 거예요. 그래서 꿈보다 해몽이란 말이 있어요. 꿈을 아무리 개떡같이 꿨어도 해몽을 잘하면 길몽이 됩니다. 과거의 짐으로부터, 미래에 대한 쓸데없는 걱정으로부터 자유롭고 싶은 마음이 있다면 그 마음을 꼭 잡고 늘 생각하세요. 생각은 에너지입니다. 에너지가 그 고민거리를 해결할 수 있는 방법을 찾습니다. 예를 들어 문제를 해결할 수 있는 어떤 책을 보게 된다든가 일을 겪게 되거나 모임에서 사람을 만나면서 방편을 끌어와요.

저는 기다리는 것이 너무 힘들어요. 나름대로는 대안적인 삶을 추구하고 있지만 학벌이나 경제력을 무시할 수 없는 사회에서 아이를 기르고 있잖아요. 시간은 흘러가는데, 아이는 마냥 놀기만 하고 꿈만 꾸고 있으니까 마음이 조급해집니다. 기본 성적은 유지하면서 자유롭게 살았으면 하는 욕심이 생겨요. 참기 어려울 때는 다그치기도 하면서 기다리고 있는데 언제까지 기다려야 할까요?

그래도 기다리세요.(웃음) 저희 집 아이들이 어렸을 때 큰아이가 피아노를 배우고 싶다고 해서 4년 동안 학원 다니게 해준 것 말고 학원을 보낸 적이 없습니다. 오히려 우리 부부가 아이를 키우면서 제일 힘들었던 것은 학교에서 묻어온 때를 벗겨주는 것이었어요. 아무리 집에서 "괜찮아, 공부가 전부가 아니야" 그렇게 이야기해도 학교와 사회 전체 분위기가 그렇게 몰고 가니 아이도 그 영향을 안 받을 수 없어요. 우리가 하는 일은 아이가 집으로 돌아오면 그 때를 벗겨주는 거지요. "아니야. 괜찮아. 넌 지금 아주 잘 살고 있고, 앞으로도 네 인생 멋있게 살 거다" 그런 얘기를 계속 해줬지요. 이럴 때 필요한 것이 부모가 어떤 인생철학을 가지고 세상을 살아가느냐 하는 겁니다.

맹자 어머니가 아이를 잘 키우려고 이사를 세 번 다녔습니다. 어떤 교수가 이걸 아주 색다르게 해석했어요. 맹자 어머니는 나름의 철학을 가지고 이사를 다녔다는 거예요. 처음에는 공동묘지에서 인간이 살고 죽는 바탕을 경험하게 한 다음 인간들이 살기 위해 아우성치는 치열한 삶의 현장인 시장을 보게 했고 그걸 바탕으로 삼아 마지막으로 서당에서 학문을 하게 했다고 신선한 해석을 내렸어요.

그런데 맹자처럼 어릴 때 이사를 다니는 것이 맞아요. 어른이 되어서도 공동묘지 찾아가고 서당 찾아가고 그러는 건 아니라는 거예요. 아이 때는 영향을 주기보다는 받는 때예요. 그러니 주변 환경을 따질 수밖에 없어요. 그러나 성인은 주위 영향을 잘 받지도 않을 뿐더러 환경을 스스로 만들면서 살아야지 환경에 끌려

간다면 덜 성숙했다는 얘기입니다. 사람이 사람 됐으면 어디에다 갖다 놔도 사람답게 살아야 할 것 아니예요. 그 힘이 있어야 한다는 말이죠. 부모가 그 힘이 없으니 아이들이 그 힘 갖게 만들려고 태어나는 거예요. 이런 경험을 통해서 어머니 소신을 좀 가지시오, 하고 말이죠.(웃음)

한 사람이 바로 서면 그 한 사람 혼자 잘 서는 것이 아니예요. 그 사람은 주변에 영향을 미칠 수밖에 없습니다. 이것이 자연의 이치입니다. 나무 한 그루가 산다는 것은 그 주변에 많은 생명체들이 함께 산다는 것을 말합니다. 한 사람이 병들면 그 사람만 아픈 것이 아니라 주변 사람들도 모두 병을 나눠 갖게 됩니다. 그러니 내가 어떻게 잘 살 것인가? 사람답게 살 것인가? 고민하는 사람은 어떻게든 바르게 살려고 애쓰겠지요. 그 아이들은 뭘 보고 자라겠어요. 아이들은 저절로 잘 자랄 겁니다.

저는 아이가 제 뜻대로 움직여주지 않으면 화가 나고 자꾸 아이에게 집착합니다.

저는 목사이기 때문에 제 아이들에게 이렇게 말합니다. "너희를 이 세상에 보내신 분을 내가 믿는다. 나는 위험한 일도 많이 겪었지만 그분이 나를 사랑하시고 가르치고 인도하셨기 때문에 내 인생을 이렇게 살 수 있었던 거야. 그러므로 나는 이렇게 살아가는 내 자신이 조금도 부끄럽거나 후회스럽지 않다. 그분이 너도 이 세상에 보내셨다. 그러니 너라고 제외시키겠냐. 너도 그럴 거야" 하고 아주 어렸을 때부터 들려주었어요. 그리고 비교적 아이들에게 간섭하지 않았어요. "너 어떻게 생각하냐?"고 묻고 "그래? 그렇게 하렴" 대답하는 게 다였습니다.

평소 어떤 마음으로 아이를 키우셨나요? 아이에게 화내신 적이 한 번도 없으신가요? 저는 남편도 아무리 잔소리를 해도 바뀌지 않아서 자꾸 짜증을 내게 됩니다.

큰아이가 학교 들어가기 전에 딱 한 번 혼을 낸 기억이 있습니다. 한번은 밖에 나갔다 왔더니 아이가 코스모스를 똑똑 꺾으면서 혼자 놀고 있었어요. 그걸 보고 제가 혼을 냈어요. 그리고 손을 세게 꼬집었죠. 그랬더니 아이가 울어요. 그래서 "꼬집기만 해도 이렇게 아픈데 꽃을 꺾으면 어떻겠니? 잘했어, 잘못했어?" 했더니 잘못했다고 해요. 그래서 "어떻게 할래?" 물었더니 아이가 울면서 꽃을 흙 속에 묻어준 기억이 있어요. 그것 말고는 아이를 나무란 기억이 없어요. 제가 볼 때는 아이들에게 별로 꾸중하거나 나무랄 것이 안 보였어요. 아마도 집사람이 그건 잘하니까 저까지 보탤 필요 있겠나 했지요.(웃음)

부모님들이 어떻게 하면 이 세상에서 아이들을 제대로 잘 기를 수 있을까 고민하고 걱정하고 궁리하는 것 당연합니다. 아이들에게 어떻게 하면 책 읽는 습관을 길러줄까 그런 고민을 하는 건 좋은데, 전체 고민이 열 개라면 그런 고민은 세 개만 하고, 나머지 일곱 개는 내가 어떻게 하면 잘 살 수 있을까 그쪽을 고민하세요.

제가 경험해 보니 세상에는 수십만 가지 질문이 있는데, 그 모든 질문은 결국 두 종류로 나뉩니다. 하나는 내가 답을 아는 질문이고 또 하나는 답을 모르는 질문입니다. 답을 아는 질문은 겁이 하나도 안 나고, 답을 모르는 질문은 더 쉽습니다. 그냥 모른다고 대답하면 됩니다. 내가 꼭 답을 알고 있어야 할 이유가 없잖아요. 저는 고등학교 때 시험 기간이 제일 좋았습니다. 왜냐면 일찍 끝나니까요. 시험 시간이 50분인데 저는 한 10분이면 끝납니다. 아는 문제, 모르는 문제 두 가지밖에 없어요. 모르는 문제는 암만 붙잡고 있어봤자 소용이 없어요. 생각나지도 않고요. 아는 것만 쓰고 모르는 것은 연필을 굴리기도 하고 그러면 10분밖에 안 걸리죠. 그리고 나와서 놀아요.

평생 살면서 이 이치를 모르는 사람이 있어요. 자기 힘으로 할 수 있는 게 옆에 있는데 그건 내버려두고 자기 힘으로 안 되는 걸 평생 붙잡고 씨름을 해요. 저 인간을 내가 바꾸려고 하면 안 되죠. 됩디까? 자기가 자기 바꾸는 것도 잘 안 되는데 어떻게 다른 사람을 바꿔요. 그런데 내가 할 수 있는 것이 있잖아요. 내 마음 다스

린다든가 습관이나 생각 같은 것을 바꾸는 것 말이죠. 자기가 할
수 있는 것을 하는 게 행복하지 않을까요?

학교에서 아이들을 가르치는 선생입니다. 어떻게 하면 좋은 교사
가 될 수 있을까요?

제가 모시고 있던 선생님이 그러셨습니다. 네 속에 있는 생각
이 옳은 생각인지 그른지 스스로는 판단할 수 없겠지만 네가 옳
다고 생각하는 것이 있으면 사람들에게 이야기하라고 말이죠. 마
치 우리가 햇빛을 받아들이든 말든 상관없이 햇빛은 계속 내리쬐
듯이 내 속에 있는 어떤 생각이 밖으로 나오는 건 지극히 자연스
런 일입니다. 그러니 감추려들지 말고 기회가 닿으면 글로 쓰든
말을 하든 드러내라 하셨습니다. 두 번째가 더 중요한데, 말을 하
되 절대로 네 생각을 누군가에게 강요하지 말라 하셨습니다. 강
요한다는 건 너도 나처럼 생각해야 해 그러는 것이지요. 햇빛도
마찬가지입니다. 내가 빛이 싫어 눈을 감으면 빛이 눈꺼풀을 뚫
고 들어오지는 않습니다.

학생을 가르칠 때도 마찬가지입니다. 자연처럼, 안 가르치듯이
가르치는 선생이 최고의 선생입니다. 선생도 질이 있어서 차원이
낮은 선생도 있습니다. 그런 선생일수록 자기가 가르치려는 상대
에게 가르치는 내용을 강요합니다. 그래서 받아들이면 상도 주고

잘한다 칭찬하고, 안 받아들이면 한 대 갈기며 야단치고 너는 좋지 못한 학생이다, 가망이 없다 협박도 하고 그럽니다. 반면에 수준 높은 선생일수록 함부로 가르치려 들지 않습니다. 마치 빛이 그냥 비추는 것처럼 자기 삶을 살아갈 뿐입니다.

한번은 무위당 장일순 선생님과 노자에 대해 애기를 나눌 때입니다. 제가 선생님께 "노자도 예수도 사람인데 이 두 분에게도 스승이 있지 않았겠습니까? 이 두 분은 누구에게 배웠을까요?" 하고 물었습니다. "누구에게 배웠다는 기록이 없으니 그들의 스승이 누구인지 알 수는 없지만 그들이 가르치는 내용과 그 언어를 보면 노자도 예수도 자연을 스승으로 모셨던 것 같아" 하고 애기하셨어요.

실제로 노자가 쓴 글에 이런 말이 있어요. 사람은 땅에게 배우고 땅은 하늘에게 배우고 하늘은 도에게 배우고 도는 자연에서 나온다고요. 예수도 하늘의 새를 보아라, 나무를 보라고 애기하고 노자도 흘러가는 물을 보라고 말하지 사람의 말을 인용하지 않습니다. 제가 다시 "왜 자연은 최고의 선생님일까요?" 하고 여쭈니까 무위당 선생님 말씀이 "자연은 가르치지 않잖아. 그러니까 최고 선생님이지" 하고 말씀하셨어요.

아무것도 가르치려는 의도가 없는 자연이지만 누구든지 자연을 보고 배우면 어김이 없습니다. 최고의 지혜를 가질 수 있어요. 왜냐면 자연은 빈틈없이 원래의 세상이 흘러가야 할 천도天道를 지키고 있기 때문입니다. 그렇기 때문에 우리가 자연을 스승으로 삼으면 잘못 배울 리 없습니다.

(vol. 72, 2010. 11-12)

'유전'보다 중요한 것은
부모라는 '환경'이다

자녀교육의 희망은 부모의 삶 뒤에서 꽃핀다

우리가 무엇인가 배우는 행위를 표현할 때나 그 과정을 거쳐 획득한 그 '무엇'을 일컬을 때 '앎'이라는 표현을 쓴다. 어떤 경우든 앎은 그 앎의 행위에 참여하는 사람의 삶과 연결되어야 교육적 의미를 지니며, 삶의 성장을 통해 앎은 자기 존재 이유를 실현한다.

삶을 흔히 대나무의 마디에 비유하기도 하고, 나침판 바늘의

고병헌 _ 성공회대학교 교육대학원 원장. 대안교육, 평화교육, 시민교육, 평생교육 분야에서 저술과 강연, 프로젝트 활동을 하고 있다. 쓴 책으로 『존재가 존재에 이르는 길, 교육』, 『평화교육사상』, 『교사, 대안의 길을 묻다』(공저) 외 다수가 있다.

진동으로 설명하기도 한다. 미끈한 대나무 줄기가 자라려면 울퉁불퉁한 마디를 만드는 시간을 견뎌야 하고, 나침판의 바늘은 자기를 진동시키는 수고로움을 거친 후에 북쪽을 가리킨다. 바늘의 떨림 없이 나침판은 제 기능을 할 수 없으며 마디가 생기지 않으면 대나무가 자라날 수 없듯이, 사람도 살아가는 동안 수많은 '깨짐-깨우침'을 겪으며 성장한다. 바로 이 '깨짐-깨우침'의 선순환적 반복 과정에 앎이 개입하면서 우리 삶은 성장한다. 미끈한 대나무 줄기에 마디가 생기는 과정과 나침판 바늘이 흔들리는 시간은 혹독한 시련이고 고통이다. 우리는 어떤 힘으로 이 순간을 버틸 수 있을까?

아직 여러 가지로 많이 부족한 사람이지만, 어쨌든 지금의 나를 있게 해주신 스승의 연구실에서 조교로 활동할 때의 일이다. 스승께서 정년으로 퇴임하시기 전에 마지막 5년을 모셨는데, 연구실을 완전히 정리하기 이틀 전 "고군, 할 말이 있네" 하시면서 차나 한잔 하자고 하셨다.

연구실 가운데 놓인 탁자에 마주 앉아 녹차를 따라주시며 두 가지 말씀도 함께 건네셨는데, 그중 하나가 "인생의 길을 추하지 않게 걸어가려면 마음에 스승을 모시고 살아가게나"였다. 당신께서 짧지 않은 삶을 살아오면서 수많은 우여곡절이 있었고, 그중에는 감당하기 힘들어서 삶이 꺾일 뻔했던 적도 있었다고 하셨다. 무엇보다 자식 문제가 관여되면 넘어지기 쉬운 법이니 특히 조심하라고 덧붙이면서 이렇게 말씀하셨다.

"지금 와서 생각해보면 나를 지켜준 건 내가 쌓아온 전문지식도, 나름 헌신해온 어떤 이념이나 사상도 아니었고, '스승의 존재'였던 것 같네. 내가 이 순간에 사는 방식을 더럽히면 결국 나의 스승에게 욕되는 것이겠지 싶고, 그것이 감당하기 힘든 고비마다 쓰러지지 않도록 나를 지켜준 힘이었던 것 같네. 그러니 자네도 마음에 스승을 꼭 모시고 살아가게나."

부모는 우리 아이들이 이 세상에 나서 처음 만나는 세상이자 살아가는 매 순간의 현실이며, 마디를 만드는 고통과 떨림, 시련의 그 '순간'을 버티게 할 삶의 스승이다. 그런데 한국에선 부모 되는 준비가 생략됐다. 그러니 생물학적 부모는 아이가 학교에 들어가는 순간부터 조금의 주저함도 없이 교육학적 학부모가 돼버린다.

오래전, 동양 고전에 대한 이해가 지금보다 훨씬 얕은 수준에서 옛사람의 자녀교육법을 공부할 때였다. 당시 나의 의문은 '동양 고전에는 아이들이 부모나 동네 어른을 어떻게 대해야 하는지에 관한 가르침만 넘쳐 나고, 어른이 아이들을 어떻게 대해야 하는지에 관한 내용은 왜 별로 없을까' 하는 것이었다. 사실은 글자를 넘어서 문맥과 여백까지 읽어내지 못한 나의 부족함으로 인한 오해였지만 말이다.

동양 고전에서는 어른이나 아이들에게 하나같이 좋은 사람으로 살아가는 것을 삶의 가장 중요한 목표로 가르쳤다. 어떤 유형이 좋은 사람인지, 좋은 사람이 사는 삶은 어떤 모습인지 이해시키기 위해 옛 스승들은 '군자'라는 아바타를 등장시켜 비유적으로 가르쳤다. 말로 설명하기 힘든 원리를 적절한 예를 들어 보여주거나 어울리는 비유를 하면 그만큼 이해하기가 쉽기 때문이다. 옛날 아이들에게는 자기가 사는 동네가 그들이 경험하는 세상의 거의 전부였을 테고, 그래서 그들의 세상인 동네의 어른들, 가정에서는 부모, 조부모와 어떻게 관계를 맺어야 '좋은 사람'이 될 수 있는지 가르쳤을 것이다.

아이들이 현실로 경험하는 동네 어른들에게는 어떤 사람이 좋은 사람인지, 그리고 좋은 사람이 사는 삶은 어떤 모습인지를 자기 자신으로, 그리고 자신이 살아가는 모습으로 보여주는 것이 중요하지 않았을까 싶다. 좋은 사람이 부모가 되면 '좋은 부모'가 되고, 훈장이 좋은 사람이면 당연히 '좋은 스승'이 되어 아이들에게는 부모나 스승의 존재가 그대로 '살아 있는 멘토'로 경험될 테니, 부모가 존재하는 것만으로도 자녀교육은 이루어질 수 있었을 것이다.

가르치는 사람이 자신의 삶으로써 가르쳐야 한다는 것은 가르치는 사람의 삶이 앎의 행위가 일어나는 핵심 경로가 되어야 한다는 뜻임을 되새기자. 이는 결코 가르치는 사람의 삶을 닮고 모방하라는 말이 아니다. 자녀를 교육하고자 하는 부모라면 "가르침 역시 자기 배움의 방편임을 잊지 말아야 한다." 가르치는 사람이 교육을 통해 배우는 사람의 성장에 관여할 수 있는 길은 무엇보다 자신의 배움을 통해서이다. 따라서 자녀의 삶을 성장하게 하는 교육은 가르치는 부모와 배우는 자녀가 마주 보며 일어나는 것이 아니라 부모의 삶 '뒤'에서 꽃핀다.

자녀를 이상화할 때 부모의 사심이 커진다

일곱 살 때 처음 소설을 쓰기 시작했고, 열일곱 살 때까지 각종 문예창작상을 휩쓸어 소위 '엄마 친구 딸'이었던, 《뉴욕타임스》 등의 칼럼니스트 앨리사 쿼트Alissa Quart는 영재교육에 관한 자신의 책 『영재 부모의 오답 백과』에서 오늘날 부모는 자녀가 자기보다 더 '특별한' 존재가 되기를 매우 강렬하게 열망한다고 하면서, 이를 프로이트의 나르시시즘 개념으로 설명했다. 다음은 프로이트의 『나르시시즘에 관하여』에서 부모가 자녀를 통해 실현하려는 나르시시즘의 본질에 대해 설명하는 부분이다.[1]

"나르시시즘에서 가장 골치 아픈 점은 에고Ego의 불멸성이다. 현실이 아무리 강하게 압박해도 에고, 즉 자아는 자녀 속에 숨어서 죽지 않는

---

1 앨리사 쿼트, 『영재 부모의 오답 백과』, 박지웅 외 역, 알마, 240p.

다. 아무리 감동적인 부모의 사랑도 본질에서 유치하다. 그것은 바로 '아이 속에서 다시 태어난 부모의 자기 사랑'이기 때문이다."

프로이트의 나르시시즘 개념이 주는 시사점은, 자녀가 자신보다 더 '특별'하게 되기를 열망할 때, 즉 자기 자녀를 '이상화理想化'할 때는 부모의 사심私心이 개입될 여지가 많다는 사실이다. 앨리사 쿼트에 따르면, 우리는 다른 사람이 나에게 없는 어떤 자질을 소유하고 있고, 또 그러한 자질을 숭배할 때 그 사람을 이상화하면서, 그렇게 이상화된 사람은 나와는 다른 차원에 사는 사람으로 느낀다고 한다. 문제는 어른 사이에서는 이러한 이상화 기간이 길지 않지만, 부모가 자녀를 이상화하는 경우에는 평생 그럴 위험성이 높다는 것이다.

실제로 한국 부모는 자녀교육에 있어서만큼은 세계적으로 유래를 찾아볼 수 없을 정도의 '열심'을 보이는데, 이렇듯 '미친' 열풍이 사그라지지 않고 오히려 갈수록 더 세력이 강해지는 데는 분명 자기 자녀에 대한 '이상화된 기대'가 강하게 작용하고 있을 가능성이 크다.

부모는 자녀가 자기와 다르기를 기대하는 경향이 있는데, 여기서 문제는 어떤 점에서 다르기를 기대하는가이다. 제대로 된 부모라면 자녀가 자기 나이가 되었을 때 자신보다 더 '행복'하기를 바랄 것이며, 이런 목적에서라면 어릴 때부터 행복한 삶을 살

힘을 길러줘야 하는 것이 맞다. 그런데 우리 사회의 적지 않은 부모가 자녀의 진정한 행복보다는 자녀가 향유할 수 있는 경제적 수준에만 집착하는 경향이 있다. 즉 '나는 명문대를 나오지 못해서 이렇게 살고 있지만 너는 무슨 수를 써서라도 일류 대학을 나와서 남들이 부러워하는 연봉을 받는 사람이 되어야 한다'는 식의 건강하지 못한 '자녀의 이상화'가 문제인 것이다.

그런데 솔직하게 한번 생각해보자. 지금 당신은 당신 자녀에게 요구하는 '1퍼센트 안에 드는 성적'을 얻을 자신이 있는가? 당신은 1퍼센트 안에 들어야 행복하고 99퍼센트에 속한 사람들은 불행한 삶을 살게 될 거라고 불안해하지는 않는가? 비정상적으로 이상화된 자녀를 '위해서' 참으로 많은 부모가 어떤 희생이라도 기꺼이 감수하고 있는데, 이러한 방식의 자녀 사랑에 다른 건강한 교육적 이유를 대지 못한다면 결국 부모의 '사심'이 '괴물 같은 교육'이 자라나는 온상이라고 할 수밖에 없다.

자녀에 대한 이상한 이상화가 갖는 또 다른 문제는 자녀의 자율성을 심각하게 침해할 수 있다는 사실이다. 앨리사 쿼트에 따르면, 자율성 혹은 자립성은 다른 사람들로부터 인정받을 때 가능한 것이며, 일반적으로 아이들에게는 그 누구보다 부모로부터의 인정이 가장 중요하다. 그리고 바로 이런 이유에서, 자녀로서는 자립 욕구가 부모에게 인정받고 싶은 욕구와 충돌하기 때문에 부모가 먼저 자녀의 행복을 위해 자녀의 자율성, 자립성을 적극적으로 인정하고 부여해줄 수 있어야 한다는 것이다.

그런데 '이상화된' 자녀를 위해서 '올인'하는 부모, 혹은 '헬리콥터맘'들은 자녀가 부모에게 훨씬 더 의존하게 함으로써 궁극적으로는 자기 힘으로는 아무 일도 할 수 없는 무능한 사람으로 만든다. 그래서 자녀가 어떤 분야에 특별한 관심을 보일 때 부모가 앞서가지 않는 것이 중요하다고 쿼트는 조언한다. 그녀는 "아이들이 가진 재능의 범위를 넓게 보는 것보다 더 중요한 것은 함부로 아이들을 영재로 만들지 않는 것"이라고 말한다. 그리고 부모가 자녀에게 절대로 해서는 안 될 일이 '자신의 못다 이룬 꿈을 투사하는 것'이라고 단언한다. 그렇게 하면 자녀가 자기 능력을 스스로 발견하고 자신의 꿈을 키워가는 것을 방해할 뿐이라며.

"조기교육을 한마디로 얘기한다면 그것은 '미래의 성취에 집중하여 아이의 현재를 희생하는 것'이다. 심하게 말해서 아이의 미래에 지나친 의미를 부여한 나머지 아이의 현재를 노예처럼 부려먹는 것이 오늘날 일부 아이들이 받는 영재교육의 실체다.

지금 아이들에게 강요하고 있는 여러 가지 학습을 확 줄인다면 아무것도 모르는 아이에게 '영재'라는 굴레를 씌우지 않는다면 내 아이는 이런 불행을 피할 수 있을지도 모른다. 아이는 아이로 키워야 한다. 우리 어른들이 누린 행복하고 충만한 어린 시절을 왜 내 아이에게서 빼앗으려 하는가."_위의 책, 341쪽

함께 비에 젖고 바람에 흔들리며

과학과 영성을 결합하는 분야에서 세계적으로 권위 있는 전문가이자, 신생물학을 이끌어가는 의학자 브루스 립턴Bruce H. Lipton은 자녀에게 부모라는 '환경'의 중요성을 이렇게 설명했다.

"아이의 유전자는 잠재력을 보여주는 것뿐이지 운명을 결정하지 않는다. 이 잠재력을 최대한 꽃피우는 것은 부모가 어떤 환경을 조성해주는가에 달려 있다. (…) 근거 없는 두려움을 버리고 아이들의 무의식 속에 불필요한 공포나 부정적 관념은 심어주지 않도록 주의하라. 무엇보다도 유전적 결정론이 제시하는 운명론을 믿지 말라. 여러분은 아이들이 잠재력을 최대한 발휘하도록 도와줄 수 있고 스스로의 삶도 개선할 수 있다. 사람은 스스로의 유전자 속에 '갇혀' 있는 존재가 아니다. (…) 인간에게 가장 강력한 성장촉진제는 최고의 학교도 비싼 장난감도 월급을 가장 많이 주는 직장도 아님을 명심해야 한다. (…) 선각자들은 어린이건 성인이건 인간에게 최고의 성장촉진제는 사랑이라는 사실을 알고 있었다."[2]

---

2 브루스 H. 립턴, 『당신의 주인은 DNA가 아니다The Biology of Belief』, 이창희 역, 두레, 247p

〈티파니에서 아침을〉, 〈로마의 휴일〉 등 수많은 영화에서 매혹적인 커다란 눈망울과 청순한 아름다움으로 사랑받은 오드리 헵번은 2006년에 '세월이 흘러도 가장 아름다운 여인 1위'로 선정되었다. 그런데 선정 이유가 노년에도 청순미를 유지했기 때문이 아니라, 1993년 암으로 사망할 때까지 아프리카의 굶주린 아이들을 돌보며 그 실상을 세상에 알린 사랑의 실천가였기 때문이다. 오드리 헵번이 뼈만 앙상하게 남은 아이를 품에 안고 찍은 사진에는 "우리가 정말 아름다운 오드리 헵번을 만난 것은 〈로마의 휴일〉에서가 아니라 아프리카에서였습니다"라는 문구가 적혀 있다. 그런 그녀가 임종을 앞두고 아들에게 보낸 마지막 크리스마스 카드에 이런 글을 남겼다고 한다.

매력적인 입술을 갖고 싶으니?

그러면 친절하게 말하거라.

사랑스러운 눈을 갖고 싶으니?

그러면 사람들에게서 좋은 점을 보도록 해라.

날씬한 몸매를 갖고 싶으니?

그러면 너의 음식을 배고픈 사람과 나누어라.

아름다운 머릿결을 갖고 싶으니?

그러면 하루에 한 번이라도 아이들이 네 머릿결을 어루만지게 하여라.

(……)

아들아, 나이를 먹으면 너도 알게 된단다.

우리가 두 개의 손을 가진 이유는 한 손은 자신을 위한 것이지만

나머지 한 손은 다른 사람을 돕기 위한 것임을.

이 마지막 카드를 받았던 오드리 헵번 아들이 2015년 세월호 1주기 때 한국에 와서 '기억의 숲'을 조성해 세월호 희생자를 추모하자고 기금을 냈던 사실을 아는 사람은 많지 않다. 그땐 정부 차원에서 세월호 참사의 진상을 밝히는 일을 온갖 수단을 동원해 방해하던 시기여서 그랬다. 이듬해 2주기 때는 아들의 두 딸 그러니까 헵번의 두 친손녀가 한국에 왔다. 이들의 한국 방문은 결코 '우연'이 아니다. 오드리 헵번의 사랑의 나눔과 돌봄의 삶이 자녀와 손자녀의 삶에 좋은 '환경'이 되었기에 가능했던 '필연적' 사건이었다.

부모가 자녀의 성장을 위한 환경이 되려면, 부모는 자녀와 함께 비에 젖고 바람에 흔들리며 자기 삶의 마디를 만들어가되 스스로 성장하는 자세를 지녀야 한다. 가르치는 사람의 뒤꿈치가 배우는 사람이 도달해야 할 삶의 종착점이 되게 해서는 안 된다. 물론 부모가 좋은 환경이 된다고 해서 자녀의 삶이 쉬워지는 것은 결코 아니다. 비에 흠뻑 젖는 사람도, 강한 바람에 밑동이 뿌리째 뽑힐 두려움에 떠는 사람도 자녀 당사자일 테니까. 하지만 정말로 중요한 차이는 '이 비 견디면, 이 바람 버티면 나도 우리 부

모의 저 믿음직한 마디를 만들어낼 수 있겠구나' 하는 삶의 희망
이 살아 있는가이다. 이 희망의 존재 여부가 부모가 자녀의 삶에
좋은 환경인지 굴레인지를 가른다.

(vol. 130, 2020. 7-8)

나를 넘어선다는 것,
'부모-되기'의 교육적 의미

첫아이 동하가 2개월이 조금 넘었을 때였다. 아이는 밤마다 한 시간 넘게 울어댔다. 그러던 어느 날이었던가. 그날도 언제나처럼 새벽에 울기 시작한 아이를 품에 안고 마루를 서성거리며 울음이 잦기를 기다렸다. 울음이 멈추고 잠이 들었나 싶어 문득 내려다본 아이의 얼굴. 순간 가슴이 덜컹 내려앉았다. 아이가 두 눈을 똑바로 뜨고 처음으로 내 얼굴을 쳐다보고 있었다. 내 두 눈을 응시하는 검은 두 눈동자. 한편으로는 애절하게, 또 한편으로는

서덕희 _ 조선대학교 교육학과 교수. 『홈스쿨링을 만나다』 저자. 대안교육, 다문화교육, 교육과 문화의 관계에 관심이 많다. 이 글은 한국교육철학회 심포지엄에서 발표한 내용을 정리한 것이다.

엄숙하게 나에게 무언가 명령을 내리는 듯했다. 그 명령에 순종할 수밖에 없을 것 같은 두려움. 내 품에 안긴, 아직도 낯선 이 존재의 부름에 나는 도망칠 수가 없구나. 이제 나도 정말 엄마가 되었구나.

아침마다 유치원에 보내기 위해 밥을 서둘러 먹이고 옷을 갈아입히느라 아이랑 실랑이를 할 때, 내일까지 보내야 할 원고가 있는데도 "엄마 언제 와?"라는 아이의 전화 목소리에 서둘러 컴퓨터 전원을 끄고 연구실을 나설 때, 가벼운 출장길 기차 안에서 "엄마~" 하며 우는 아이 목소리를 전화로 듣게 될 때 나는 잠시 잊고 있던 아이의 검은 눈망울을 떠올린다. 그리고 마음속으로 묻는다. 부모가 된다는 것은 무엇일까?

이 글은 그 질문에 대한 잠정적인 답이다. 나를 포함한 우리 사회의 많은 성인 남녀가 '부모-되기'를 두려워하는 이때, 나는 부모-되기가 지니는 교육적 의미를 짚어보려고 한다. 이를 통해 개인적으로는 스스로 부모-되기의 어려움을 위로하고 더 나아가 그 과정을 향유하며, 학문적으로는 부모의 기능적 측면만을 강조하는 시대적 담론에 대항하여 그 의미를 드러내어 나누고, 사회적으로는 부모-되기를 결단한 성인 남녀를 축복하고 힘을 북돋우며, 동시에 부모-되기를 어렵게 만드는 사회문화적 맥락을 비판적으로 살펴보고자 한다.

생물학적 부모를 넘어

'부모-되기'는 생물학적 부모가 되는 것 이상을 말한다. 아니 생물학적 부모가 되는 것과는 전혀 관계가 없다. 생물학적, 법적 부모를 넘어서서 우리는 일정 기간 혹은 어느 순간 언제나 누군 가의 부모가 될 수 있다. 물론 생물학적이며 법적인 부모들이 이러한 부모-되기의 과정에 놓일 가능성은 더 많다. 그러나 반드시 그런 것은 아니다. 가령, 테레사 수녀는 누구의 생모도, 법적 부모도 아니었지만 많은 어려운 이들의 어머니였다. 반면, 돌도 지나지 않은 딸을 굶겨 죽인 어떤 부부의 이야기는 생부모라고 해서 자동적으로 '부모'가 되는 것이 아님을 생생하게 보여준다.

인간이 드러내는 삶의 양태는 자신이 놓인 상황과 관계에 영향을 받는다. 그렇기 때문에 생물학적 부모는 '부모-되기'의 과정에 놓일 가능성이 높다. 그러나 그것은 필요조건일 뿐 충분조건이 아니다. 어떤 '-되기'든 주체에게는 그 양태로 변용되려는 의지와 강도 높은 변화가 요구된다. 요컨대 '되기' 개념은 인간에게 어떤 정체성이 자동으로 주어지는 것이 아니라, 주체의 실존적 결단과 욕망, 의지에 따라 특정한 정서와 태도에 변화가 따를 때에만 무엇이 '된다'는 점을 강조하는 것이다.[1]

---

1 이진경, 『노마디즘』, 휴머니스트, 23-210p.

이런 맥락에서 부모-되기란 누구든 자기보다 힘이 없는 타인을 '부모'의 고유한 태도와 정서 안에서 자기 자녀로 삼는 과정을 가리킨다고 말할 수 있다. 이 과정은 기능적으로 보면, 그 대상의 생존을 위한 영양공급일 수도 있고, 입시에서의 성공을 위한 교육적 지원일 수도 있으며, 때로는 목숨을 건 구조일 수도 있다. 그러나 누군가에게 부모가 되는 과정은 위와 같은 결과를 낳는 수단적 행위 그 이상의 것이다. 부모다운 부모라는 말이 가능하다면 그것은 그 과정이 드러나는 양상의 다양함에도 불구하고 부모다움의 독특한 태도와 정서, 즉 질이 있기 때문이다.

부모-되기에 관심을 갖게 된 것은 10년 전 우연한 기회로 '유별난' 부모들을 만나면서였다. 그들은 모두 학교 가기를 당연시하던 1990년대 후반 학교에 독립선언을 하고 홈스쿨링을 시작한 부모들이었다. 그때 그들은 나에게 '제도가 보장하는 쉬운 길을 버리고, 주변의 만류와 위협을 뿌리치고 아무도 가지 않은 길을 가는 개척자'였다. 그들은 때로는 다니던 직장까지 그만두거나 농촌으로 이사를 하기도 했다. 나는 그들의 결단과 용기에 매료되었다. '도대체 부모가 무엇이기에…', 그들의 결단과 의지 그리고 그들이 자녀를 대하는 태도는 나로 하여금 궁금증을 갖게 하기에 충분했다.

그 후로 10년이 지났다. 그들의 이야기로 학위논문을 쓰고 나서 나도 두 아이의 엄마가 되었다. 부모-되기는 이제 연구 주제가 아니라 내 삶의 중요한 한 부분이자 과제가 되었다. 부모-되기가 얼마나 어려운 일인지, 그럼에도 그 과정이 또한 얼마나 나의 일상을 새롭게 하고 나를 강하게 하는지, 한 마디로 내가 인간이 되어가는 과정 즉 인간-되기의 핵심을 이루고 있는지는 조금씩 알아가고 있다. 그렇게 조금씩 알게 된 '부모-되기'의 실체를 교육적 의미로 풀어보고자 한다.

타인의 얼굴을 책임진다는 것

생물학적 부모, 법적 부모라고 해서 자동으로 부모가 되는 것은 아니다. 부모라는 이름으로 자녀가 받아들일 수 없는 행동을 강요하고 미래의 성공을 빌미로 자녀의 현재를 저당 잡고자 할 때 그는 부모가 아니다. 자녀의 불행한 얼굴을 학교 혹은 사회 책임으로 전가하기만 할 때 그 역시 부모가 아니다. 그건 마치 불이나 당장 살려달라는 누군가의 애절한 얼굴을 보면서 누가 불을 냈냐고 따져 묻는 것이나 다름없다. 그 얼굴을 보고 자신이 당장 죽음의 위험에 놓이더라도 그를 안고 나오는 것이 부모다. 즉, 생물학적 자녀를 포함하여 그가 누구든 자신보다 연약하고 비참한 상황에 놓인 누군가의 얼굴에 직면하여 그 얼굴이 요구하는 바로 그것을 자신의 책임으로 받아들일 때 비로소 우리는 누군가의 부모가 된다.

그렇다면 누군가의 얼굴을 책임진다는 것은 자녀를 위해 희생해야 한다는 말인가? 자녀도 엄밀히 말하면 타인이다. 부모 자신의 자기정립, 자기실현이 더 일차적이기 때문에 부모도 타인인 자녀의 얼굴을 외면할 수 있다. 부모라도 자녀의 삶, 자녀의 교육을 책임지느라 자신의 인생이 위축될까봐 두려워하는 것은 당연한 일이다. 자기중심주의는 자연적이며 따라서 비난의 대상이 될 수 없다. 오히려 '자녀를 위한다'는 명목 아래 자녀의 얼굴은 외면한 채 입시 성공을 위한 갖가지 교육지원 활동으로 자녀를 성공시킴으로써 자신의 삶을 사회적으로나 개인적으로 보상받으려는 부모가 더 위험할 수 있다.

"나의 존재 실현에 필요한 내용과 질료는 나 자신에게서 나오는 것이 아니라 나에게는 타자인 세계로부터 온다."[2] 다시 살펴보겠지만 타인은 나의 실현을 위해 필요불가결한 존재다. 그러나 자녀를 소유물로 여겨 자녀와 자신을 동일시하는 경우 타인인 자녀는 부모인 나 자신으로 환원된다. 이때 자녀는 나이지 더 이상 타인이 아니다. 타인을 나로 환원할 때, 즉 나의 확대를 위해 타인의 얼굴을 외면할 때 억압과 전쟁이 일어난다. 가령, 자녀를 통해 자기실현을 하려는 부모들을 대신해 자녀들은 입시에서 대리전을 치른다. 이때 부모는 자녀의 얼굴에 드러나는 불안과 불행, 무

---

2 강영안, 『타인의 얼굴』, 2005, 169p

기력의 의미를 "누구나 겪는 것"이라고 균질화하고 입시에서의 성공이 곧 자녀의 행복이라고 우기며, 자녀의 얼굴을 외면하고 스스로를 합리화한다. 그 외면은 때로는 자녀를 정신적 혹은 육체적인 죽음으로 몰아가기도 한다.

자녀는 내가 아니다. 부모도 자녀도 '신 앞에 선 단독자'이며, '천상천하유아독존天上天下唯我獨尊'이다. 자녀는 단순히 '나와 구별되는 존재'라는 의미에서가 아니라 '내 손아귀로 움켜잡을 수 없는, 나의 능력으로 지배할 수 없는 무한의 세계'로서 타인이다. 특히 타인인 자녀는 자신의 존재를 스스로 짊어져야 하는 '홀로서기'의 책임을 지고 있는 한 인간이다. 그는 아직 홀로서기를 성취하지 못했기에 끊임없이 부모에게 의존하지만, 부모는 그가 홀로서기를 성취하게끔 그 자신을 중심으로 세계를 바라보도록 해야 한다. 이를 위해 부모는 '잡아끌기'보다는 그의 얼굴을 마주보고 그가 필요로 할 때 그의 위치에서 방향을 '가리키는' 역할만을 할 수 있을 뿐이다, 즉 수동적인 역할을 해야 한다. 부모는 자녀의 얼굴이 명령하는 것을 '수용하는 자로, 순종하는 자로 설 뿐 스스로 기획하거나 통제할 수 없다'(강영안, 181쪽).

아이와 같이 한없이 연약한 타인의 시선과 만나는 것을 레비나스는 '절대 경험'이자 '계시'라 부른다. 그 얼굴과 시선은 내가 준비하지 않은, 예상 못한 타인으로부터의 명령이며, 그 명령을 받아들임으로써 내 삶이 달라진다. 부모는 이 '계시'에 직면해서 이에 순응하며 타인에 대한 책임을 떠안는 윤리적 주체가 된다. 한없이 수동적으로 보이는 '자임^{自任}'의 결단. 그리고 이어지는 두려움의 연속. 그러나 자녀에 대한 책임은 '나를 움직이고, 살아 있게 만들며, 나를 고귀한 영적 존재'로 만든다. 타인에 대한 책임은 단순한 희생이 아니다. 나는 바로 이 타인을 통해 늘 나 자신에게로 환원하는 데서 벗어나 나를 넘어설 수 있게 된다.

가르침과 배움은 함께 자란다

부모는 마주한 아이의 얼굴을 책임지기로 결단함으로써 자신을 넘어서는 주체로 다시 태어난다. 그런데 이러한 새로운 주체의 탄생은 구체적으로 자녀와 부모를 어떤 교육적 과정으로 안내할까? 손아귀에 잡을 수 없는 타인으로서의 자녀, 그 자녀의 홀로서기를 도대체 부모는 어떻게 도울 수 있을까?

앞서 말했듯이 부모는 자녀를 앞에서 잡아끌기보다 그의 얼굴을 마주보고 그의 위치에서 그가 필요로 할 때 방향을 가리키는 역할, 즉 수동적 역할을 해야 한다. 그렇다면 '가리킨다'는 것은 도대체 무엇인가? 내가 만난 부모들은 이를 "말로 하는 교육"과 달리 "몸으로 하는 교육"이라고 표현한다. 또 "아이들은 부모의 말을 듣고 배우는 것이 아니라 부모의 뒷모습을 보고 배운다"고도 말한다.

이들의 표현을 교육학에서 쓰는 개념으로 바꾸어 말하면, '모방'과 다르지 않다. 교육학자들은 '모방'을 이미 오래전부터 인간을 포함한 영장류의 학습 방법 중 하나로 다루어왔다. 가령, 침팬지들은 다른 침팬지가 흙 묻은 고구마를 물에 씻어 먹는 모습을 보고 자신도 물에 씻어 먹는다. 한편, 홈스쿨링 부모들은 자신의 일거수일투족이 아이들에게 모방의 대상이 된다는 사실을 두려워하고 이를 통해 자신의 삶을 되돌아보며, 스스로 성장하기 위해 노력해야 함을 강조한다. 침팬지의 모방과 인간의 모방은 동일한 것일까? 다르다면 무엇이 다를까? 하나도 새로울 것이 없어 보이는 '모방' 개념을 다시 돌이켜볼 필요가 여기에 있다.

오랫동안 인간과 유인원의 학습 차이를 연구한 토마셀로는 인간에게만 고유한 모방을 '모방 학습imitative learning'으로 이름 짓고 이를 단순히 행위의 표층 구조만을 따라하는 유인원의 '모방emulation'과 구분하여 문화적 학습의 과정으로 개념화한다. 인간은 생후 1년이 되기 전부터, 부모의 행동을 단순히 따라하는 것을 넘어 타인과 자신을 동일시하면서 그 타인의 행위 뒤에 숨겨져 있는 목적과 그것을 성취하기 위한 수단을 구별한다. 가령, 찾기 놀이를 할 때 어른이 "팽이를 찾자"고 선언하고 여러 가지 물건들이 담긴 통을 뒤지기 시작한다. 원하지 않는 물건들이 계속 나오면 어른은 얼굴을 찌푸리고, 결국 원하는 팽이를 찾으면 미소를 띠며 찾기를 끝낸다. 그걸 지켜보던 아이는 아무리 많은 물건을 보았을지라도 어른이 찾으려고 했던 '팽이'만을 기억하고 그 단어의 의미와 가치를 각인시킨다. 아이는 부모 행동의 표면 구조가 아니라 부모의 의도와 관점, 그리고 그 관점에서 보이는 세상을 배운다. 그래서 아이는 사회적 상호작용의 과정에서 '다른 사람으로부터'가 아니라 '다른 사람을 통해서' 언어를 포함한 다양한 의사소통의 상징을 배운다고 말한다.[3]

아이가 부모의 관점을 일상의 사회적 상호작용 과정에서 배우는 것을 우리는 흔히 "생활이 교육한다"는 말로 압축하여 표현한다. 그리고 어떤 학자는 이 교육의 중요성이 '정서 수준'에 있다고 강조한다.[4] 지금의 지식교육에 문제가 있다면 그것은 지식의 중요한 구성요소인 정서 수준이 전달되지 않기 때문이다. 정서 수준은 함께 생활하는 어른의 얼굴 표정과 몸짓 등에 나타나는 것으로, 억지로 가장할 수도, 억누를 수도 없다. 만약 부모가 자녀교육 목적으로 억지로 책을 읽는다면, 아이는 책 읽는 행위 자체를 모방하는 것이 아니라 책 읽기에 대한 부모의 억지 태도, 즉 그 관점과 정서를 모방한다. 부모가 꾸며내기 어려운 '등 뒤'에서 부모의 태도와 정서를 아이가 배우는 것이다.

정신분석학자 라캉은 인간이 타인의 욕망을 욕망하면서 자신

---

3 Tomasello, 『The Human Adaptation for Culture』, 1999, 151-155pp
4 김영철, 『전통 가정교육 연구』, 1999

의 상징 세계를 구성해간다고 말한다.[5] 타인이 욕망하는 바를 욕망하는 현상 자체는 분명 다른 영장류와 구별되는 인간의 모방 현상을 이해하는 핵심이 된다. 인간이 타인을 모방하는 것은 행위 자체가 아니라 그 행위를 하게 한 의도, 욕망, 관점이다.

이렇게 보면, 부모는 자신의 의도, 욕망, 관점, 한마디로 자신의 자아를 자녀에게 모방하도록 함으로써 결국 '정신적 불멸', 새로운 시간을 성취한다. 그러니 이 사실을 체험한 부모가 등 뒤에서 자신을 바라보는 자녀의 시선을 어찌 두려워하지 않을 수 있을까? 게다가 욕망이란 의식적이기보다는 무의식적인 것이다. 무의식적으로 드러난 자신의 욕망을 자녀가 모방하고 때로는 드러내어 말할 때 부모는 자녀를 통해 자신의 모습을 발견한다. 그래서 부모는 자신의 삶을 구성하는 욕망, 관점, 태도 등을 차분히 돌이켜보고, 이를 솔직히 인정하고 다시 가치로운 삶을 살기 위해 스스로를 벼린다. 자녀를 위해서 그리고 자녀를 통해 다시 발견한 자신을 위해서.

따라서 누군가의 모방의 대상이 되기로 자임한다는 것은 그누군가를 통해 발견하게 되는 자기 자신을 직면하고 배움의 길을 걷기로 자임하는 것과 같다.

---

5 라캉이 말하는 욕망은 프로이트가 말하는 육체적, 성적 욕망뿐만 아니라 그것을 넘어서는 사회문화적 욕망도 포함한다.

공공성, 부모의 한계를 넘어서다

자녀는 부모를 모델 삼아 그 관점과 욕망을 모방하고, 따라서 부모의 한계 내에서 성장한다. 원하든 원하지 않든 자녀와의 관계에서 모방의 대상이 된다는 사실은 부모로 하여금 '자신의 한계'를 걱정하게 하고, 때로는 그 한계를 넘기 위해 '좋은 부모 강박증'으로 갈팡질팡하게 한다. 자녀가 자신의 한계를 넘어서지 못할까봐 자신이 미처 보여주지 못하는 다른 좋은 것들을 접하게 해주려고 동분서주한다.

그러나 부모의 한계 내에서 아이가 '홀로서기'로 나아가고 있다면, 자녀에게 무엇을 찾아줄까보다는 아이가 어떻게 자신이 필요한 것을 스스로 찾도록 도와줄까를 고민해야 한다. 그럴 때 전제되어야 할 것은 부모를 대신하여 제삼자가 아이의 모방 대상으로 자임할 수 있음을 믿어야 한다는 것이다. 그 믿음은 그냥 생기지 않는다. 자신이 다른 이의 자녀에 그런 태도를 지닐 때 그 믿음은 자연스럽게 생겨난다. 내가 내 아이에게 느끼는 소중함을 다른 아이들에게서도 느낄 수 있을 때 비로소 타인도 내 아이에게 그러한 정서를 가지리라고 믿게 되는 것이다.

타인의 얼굴을 책임져본 사람은 자신이 책임진 그 타인 외에도 그와 같이 연약하고 도움이 필요한 타인들이 무수히 존재한다는 것을 직관적으로 안다. 부모-되기는 자신이 직접 낳은 자녀에게만 해당하는 것이 아니라 자신 앞에 그 얼굴을 드러낼 수 없는 수많은 타인들, 즉 제삼자를 대상으로도 이루어질 수 있다. 타인에 대한 책임은 모두를 향한 포괄적이고 보편적인 책임으로 나아갈 수 있다. 자녀의 얼굴을 마주보고 그 얼굴이 요구하는 바를 두려움을 무릅쓰고 받아 안아, 결국 자신을 성찰하고 자신의 삶을 버리게 되는 이러한 교육적 과정은 자녀를 포함한 무수한 타인들에게도 동일하게 적용될 수 있다.

부모가 자기 자녀의 모방 대상, 즉 교육 환경이 되듯이 다른 자녀에게도 교육 환경이 된다. 직접 모방의 대상을 자처하지 않는다 해도, 고립되어 살아가지 않는 한 우리는 자신도 모르게 다른 어떤 누군가의 모방 대상이 될 수 있다. 그리고 우리 또한 누군가를 모방의 대상으로 삼을 수 있다. 우리 모두는 누구에게나 열려 있는 교육 환경으로서 공적인 삶을 살아가고 있는 것이다.

이러한 우리 삶의 공공성을 받아들일 때 우리는 부모의 한계를 넘어설 수 있다. 한편으로는 타인에 대한 교육적 책임을 자임하는 사람들의 무한한 관계망 속에서 자녀들은 부모를 넘어서 더 나은 인간이 되고자 새로운 모방 대상, 즉 모델을 찾아 나설 수 있다. 또한 부모 역시 내 자녀를 넘어서 무한대의 타인에게 교육적 책임을 가질 수 있다. 이념으로는, 이렇게 나를 포함한 모두가 무한대의 타인에 대한 교육적 책임을 자임함으로써 비로소 우리 사회는 누구나 교육의 가치를 향유하게 된다.

교육의 공공성은 국가가 교육제도를 마련하다고 자동으로 충족되는 것이 아니다. 궁극적으로는 한 사회를 구성하는 모든 이들이 타인의 얼굴을 스스로 책임지겠다는 결단, 그 자임으로 타인의 모방 대상이 되어 타인과 함께 성장하겠다는 결단, 모방의 대상으로서 자신의 한계를 인정하고 가족의 경계를 개방하여 사회로 확대함으로써 그 한계를 극복하겠다는 결단 없이는 교육의 공공성은 실현되지 않는다. 자녀에 대한 책임을 내가 마주할 수 없는 다른 타인들에게로 확장할 때, 그리하여 그 책임이 법으로 전환되고, 그 법이 정의로운 국가의 구축으로 이어질 때 비로소 부모-되기가 품은 공공성의 씨앗은 싹을 틔우고 꽃을 피운다.

나를 넘어선다는 것

부모-되기의 과정은 자녀의 얼굴을 마주 바라보고, 두려운 마음이 듦에도 불구하고 그 얼굴이 내리는 명령을 떠안고, 자신의 성장이 곧 자녀 성장의 바탕임을 깨닫고 노력하지만 자녀의 홀로서기를 위해서는 자신의 한계를 인정할 수밖에 없다는 것을 체험하는 과정이다. 두려움을 안은 채 타인의 얼굴을 스스로 책임지겠다는 윤리적 결단은 스스로 타인의 성장을 떠안는 교육적 주체로서 자임하는 것이다. 그 결단으로 인해 스스로 인식하게 된 모방 대상으로서의 자신을 성찰하고 성장시키려는 노력을 기울이는 것은 곧 가르침과 배움이 함께 자란다는 교학상장敎學相長을 실천하는 일이다. 그럼에도 자신의 노력이 지닌 한계와 가능성을 무한한 관계로 개방함으로써 극복하고자 하는 것은 교육의 공공성을 발아시키는 씨앗이다. 요컨대, 부모-되기의 과정은 내 안에서 나의 실현과 확대를 추구하던 나를 넘어서 자녀에게로, 더 나아가 무한대의 타인으로 그 교육적 책임을 확대하고 요구함으로써 나 자신을 더 큰 나로 성장시키는 교육적 과정이다.

그러나 그것이 비록 나를 성장시키는 과정이라 하더라도 다른 누군가의 삶을 책임져야 한다는 것은 얼마나 두렵고 어려운 일인가! 나 자신도 세상에 홀로 서기 어려운 시대에 타인의 삶을 책임져야 한다니, 피할 수만 있다면 피하고 싶을 것이다. 나이가 들면 결혼하고 아이 낳는 것을 당연시하던 전통사회에서 부모-되기는 피할 수 없는 인간의 도리였지만, 지금은 개인의 합리적 판단에 의한 선택지가 되었다. 지금의 시각으로 보면, 자기 자신도 책임지기 어려운 세상에서 자녀의 얼굴, 더 나아가 얼굴도 모르는 제삼자에 대한 책임을 이야기하는 것은 시대착오적 발상처럼 보인다.

이 글에서 말하는 부모-되기의 삶은 현대의 삶을 결정짓는 근대적 존재론에 비추어보면 어불성설이다. 결혼이 그렇듯이 부모-되기가 개인의 합리적 판단에 의한 선택지 중 하나가 된 근대의 주객 분리 존재론은 주체의 자기 정립, 실현 혹은 확대만을 중요하게 여긴다. 그리하여 내 자신의 실현과 확대를 위한 배움은 중요한 가치를 지니며 타인은 이를 위한 수단이 된다. 그러니 이러한 사고가 지배하는 사회에서 생물학적 혹은 법적으로 부모가 된 이들이 자녀를 통해 자신이 사회적으로 인정받고자 노력한다거나, 또는 가부장제 사회의 요구를 어쩔 수 없이 받아들여 자녀의 성공을 위해 자신을 희생한다는 피해의식을 갖는 것은 자연스러운 일일지 모른다.

그런데 근대의 존재론에서 주체의 자기실현이란 결국 무엇인가? 끝없는 자기 능력의 확대를 통한 자기 확인 그 이상도 이하도 아니다. 물론 타인을 포함한 세상을 향유하고 인식함으로써 세계 속에 홀로 서는 일은 필요하다. 그러나 향유와 인식의 대상으로만 타인을 전락시킬 때, 나는 나의 존재 안에 갇힌다. 이때 내 바깥의 타인은 나를 변화시킬 수 있는 주체가 아니며, 나는 오직 내 안에서 나를 실현시킬 질료와 가치를 찾아야 한다. 그것이 근대적 주체관이다.

그러나 자기 자신만을 위해서 혹은 자신의 내부만을 바라보며 살아가는 삶이 행복할까? 자신만을 위한 삶은 때로는 한없이 가벼워 권태롭고, 끊임없이 자기 안에서 그 답을 찾아야 하기 때문에 한없이 무거워 버겁다. 매 순간 자기 자신만을 바라보며 자신을 위한 삶을 살아가느라 고민하는 사람은 자신의 존재가 권태롭다. 그런 내 존재로부터 벗어날 수 있는 가능성, 내 밖에서 나 자신을 변화시킬 주체를 발견할 가능성, 그리하여 나를 넘어설 수 있는 가능성이 바로 '부모가 되는 것'이다.

부모-되기는 물론 어려운 일이다. 그러나 자신에만 매몰된 삶, 실존적으로 혹은 정서적으로 피폐해진 삶을 따뜻하게 채워주는 회복의 과정이기도 하다. 나의 수고로 누군가의 얼굴에 웃음이 떠오르고, 내 등 뒤에서 내 관점을 빌어 그의 자아가 성장해가며, 결국 세상에 홀로 설 수 있게 된다는 것은 나 스스로 타인을 통해 새로운 시간을 잉태하는 것이나 다를 바가 없다.

두려운 일이지만 그런 타인이 있기 때문에 매일매일 누군가를 위해 해야 할 일이 있어 내 하루가 보람 있고, 내 관점을 돌이켜 보며 옷매무새를 바르게 할 필요가 생긴다. 나는 타인을 위해서, 동시에 그 관계 속의 나 자신을 위해서 교육적 주체로서 내 삶을 벼릴 의무와 권리가 생긴다. 나는 매일 새로워지고 성장한다. 그래서 신파조의 드라마에 나올 법한 "너는 내 삶의 존재 이유"라는 말이 성립하기도 하는 것이다.

부모-되기가 드러내는 교육적 의미는 근원적으로 가르침, 즉 교사가 된다는 것과 다르지 않다. 교사는 학생의 얼굴을 마주보고, 그 책임을 져야 하는 두려움을 떠안고, 편견 없이 학생을 이해하고, 자신의 삶, 자신의 몸 전체가 학생에게 모방의 대상이 된다는 준엄함을 받아들여 스스로를 성찰하며 한계를 인정하고, 학생이 자신의 한계를 넘어서도록 도와야 한다. 물론 교사는 좀 더 정해진 형식에 따라 학생과 만나며, 만남의 소재 역시 교과목이 중심이 된다. 그러나 부모도 교사도, 오크쇼트의 표현을 빌면, 울음소리가 아니라 날개짓으로 무리가 뒤따라 날아오르도록 하는 존재들이다.

지금은 배움의 시대, 자기계발의 시대다. 배움은 물론 중요하며 배움을 통한 홀로서기는 세상에 진정으로 발을 딛고 세상을 향유할 수 있도록 하는 중요한 교육과정이다. 문제는 근대적 존재론의 한계뿐만 아니라 지금의 신자유주의적 무한경쟁의 세상이 그 홀로서기를 무한대로 유예시킨다는 것, 평생 자기계발을 위한 학습에만 몰입하도록 만든다는 점이다. 아무도 세상에 진정으로 발을 딛고 삶을 향유할 수 없으며, 밑 빠진 독에 물 붓기처럼 늘 내일을 위해 부족한 오늘의 나를 끊임없이 계발해야 하는 상황으로 몰아간다.

이는 어찌 보면 홀로서기 자체를 부정하는 것이다. 이런 때에 누가 자기 자신이 아닌 타인의 얼굴을 마주 볼 여유가 있을까? 설사 우연히 마주하게 된다 해도 그 얼굴이 내리는 명령을 기꺼이 받아 안을 마음의 빈자리가 있을까? 아무도 두려움을 이기며 홀로 서지 못하고, 아무도 다른 이에 앞서 용감히 날개짓을 하지 못한다면, 아기오리들은 이제 누구를 따라 날개짓을 해야 할까?

나에게 매몰된 삶은 타인을 경쟁 상대나 장애물, 혹은 자기 확대의 수단으로 삼는 삶이다. 타인을 딛고 올라서야 살아남을 수 있는 무한경쟁의 시대는 우리를 자기 존재의 무거움에 짓눌려 살도록 몰아간다. 그러나 그 무거움은 나 자신만을 위한 것이기 때문에 또한 '참을 수 없는 가벼움'이기도 하다.

연약한 타인의 얼굴을 직면하고 그 명령에 순응할 때 비로소 나는 나를 넘어서 무한대의 타인들과 연결되는 새로운 체험으로 나아갈 수 있다. 그 체험은 타인의 홀로서기를 도우면서 동시에 자신을 다시 세우는 체험이다. 그런 점에서 개별 가족의 차원을 넘어 사회적 부모-되기, 더 나아가 교사-되기는 누구에게나 열려 있는, 나로부터 해방되어 무한의 시간, 무한의 자유와 연결될 수 있는 교육과정이다. 배움의 시대에 '부모-되기', '교사-되기', 더 나아가 '가르침'을 논의해야 할 필요성이 여기에 있다.

(vol. 72, 2010. 11-12)

스스로 서서 서로를 살리는 교육으로 가는
길가에 핀 '민들레'를 만나보세요.

정기구독 신청

교육=학교교육이라는
통념을 깨고

삶이 곧 배움이 되는 새로운
교육문화를 만들어갑니다.
가르침과 배움의 경계를 허물고
함께 배우고 성장하고자 하는
이들이 손을 잡을 수 있게 돕습니다.
자기가 선 곳에서 교육을 바꾸어가는
부모와 교사 등 다양한 사람들이
전국 70여 군데에서 활발히
독자모임을 이어가고 있습니다.

아내에게
민들레를 선물하며

출산을 앞둔 아내가 '아이를 어떻게
키워야 할까' 고민하며 꾸준히 읽을
수 있는 책이 있었으면 좋겠다고 해서
민들레를 선물하려 합니다.
아내와 함께 여러 서점을 돌아다니며
교육 잡지들을 살펴봤는데 대부분 거의
광고물과 다를 바가 없어 실망하던 차에
대학교 시절 읽었던 현병호 선생님 글이
생각났습니다. 제가 잊고 사는 동안에도
여전히 좋은 책을 만들고 계셨더군요.
자존감과 자립심을 가진 마음이 따뜻한
아이로 자랐으면 하는 바람으로
아내와 함께 민들레를 읽고 공부하며
아이를 잘 키워가고 싶습니다.

_ 대전에서 이재택 독자

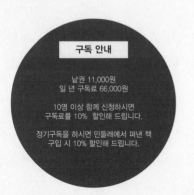
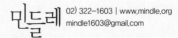

민들레 　02) 322-1603 | www.mindle.org
mindle1603@gmail.com